Ralf Mertens, Antje Heinrich

99 Tipps für effektiveres Denken und Lernen

Arbeitsmethodik, Lerntechniken und vernetztes Denken

Die Autoren

Prof. Dr. Ralf Mertens war einige Jahre in leitender Position in den Bereichen Personal und Aus- und Weiterbildung dreier großer Unternehmen tätig. Seit 1998 ist er Professor für Betriebswirtschaftslehre, insbesondere Managementlehre, Personal- und Ausbildungswesen an der FH Stralsund.

Antje Heinrich hat nach ihrem BWL-Studium und längeren Auslandsaufenthalten als Center Koordinatorin für die Berlitz Deutschland GmbH gearbeitet. Heute ist sie selbstständig und betreibt die Werbeagentur und Marketingberatung 3punkt.M.

Verlagsredaktion: Christine Schlagmann
Layout und technische Umsetzung: Text & Form, Karon / Düsseldorf
Umschlaggestaltung: Magdalene Krumbeck, Wuppertal

Informationen über Cornelsen Fachbücher und Zusatzangebote:
www.cornelsen-berufskompetenz.de

1. Auflage

© 2007 Cornelsen Verlag Scriptor GmbH & Co. KG, Berlin

Druck: CS-Druck CornelsenStürtz, Berlin

ISBN 978-3-589-23517-9

 Inhalt gedruckt auf säurefreiem Papier aus nachhaltiger Forstwirtschaft.

Vorwort

„Wissen ist der einzige Rohstoff, der unbeschränkt zur Verfügung steht und der sich durch Gebrauch nicht abnutzt, sondern vermehrt."

Horst Köhler, deutscher Bundespräsident, im „Tagesspiegel" vom 16. Juli 2006

„Lifelong learning" ist eines der wichtigen Schlagwörter, die die Entwicklung unserer modernen Arbeitswelt entscheidend prägen – es auch in zunehmendem Maße weiterhin tun werden. Lebenslanges Lernen betrifft jeden – ganz gleich, in welcher Lebensphase er sich befindet.

Lernen ist also nicht nur ein Thema für Schüler und Studenten, sondern gleichermaßen für Menschen, die mit beiden Beinen im Leben stehen. Denn auch im Erwachsenenalter ist das Gehirn noch erstaunlich anpassungsfähig – das haben Forschungen erwiesen.

Aber: Nur wer sein Gehirn fördert, behält bis ins hohe Alter ein flexibles und lernfähiges Gedächtnis.

Die Annahme, dass wir komplett ausgestattet mit Nervenzellen geboren werden und dass das Gehirn mit Erreichen des Erwachsenenalters „ausgewachsen" ist und nichts Neues mehr aufnehmen kann, gilt heute als überholt.

Vor diesem Hintergrund ist es für Sie wichtig zu wissen, wie effektives und effizientes Lernen funktioniert. Denn wie hieß es früher schon ganz richtig? *„Nicht für die Schule lernt man, sondern fürs Leben."* Gelebt wird dieser Spruch jedoch noch längst nicht von allen.

Dieses Buch soll Ihnen helfen, Lernstoff langfristig abrufbereit im Gehirn zu verankern. Es erklärt, wie Sie dies mit der richtigen Ernährung, mit Motivation, Konzentration und der passenden Lernumgebung erreichen können. Die 99 Tipps zeigen Ihnen, wie Sie mit ausgesuchten Lerntechniken Ihre bisher genutzten Lernmethoden auffrischen und in Zukunft leichter lernen können.

Wir wünschen Ihnen viel Spaß und Erfolg bei der Anwendung der 99 Lerntipps und freuen uns auf weitere Anregungen Ihrerseits.

Frühjahr 2007

Prof. Dr. Ralf Mertens
Dipl.-Betriebsw. Antje Heinrich

Noch etwas vorweg: Was Sie über Lernen wissen sollten

Lerninhalte müssen möglichst gut abrufbar sein, und das ist nur gewährleistet, wenn sie möglichst gut im Gedächtnis „verankert" sind. Diese Redewendung ist sehr bildhaft und gibt den Sachverhalt schön wieder: Genau so, wie ein Schiff seinen Anker auswirft, um sich mit seiner Hilfe am Meeresgrund festzumachen, müssen die Lerninhalte, um zu Wissen zu werden, im Gedächtnis verankert, also an anderen Dingen festgemacht werden. Diese Anker kennen Sie alle – im Volksmund nennt man sie „Eselsbrücken". Je mehr Eselsbrücken Sie bauen, desto höher ist der Wiedererkennungswert, desto mehr können Sie sich merken.

Letztendlich bauen Sie durch Eselsbrücken ein Netzwerk auf, in dem Ihr Lernstoff verankert wird und durch das Sie möglichst viele Zugangsmöglichkeiten haben.

Jeder Lerninhalt kann zu abrufbarem Wissen werden, wenn es gelingt, ihn so zu verankern, dass möglichst viele Zugangsmöglichkeiten zu ihm existieren.

Dies ist machbar und – das ist das Schöne – auch trainierbar.

Das Gehirn ist wie ein Muskel, und jeder weiß: Ohne Training wird ein Muskel schlapp. Muskelaufbau (ebenso wie das Gehirntraining) ist ein langwieriger, aber lohnenswerter Prozess – sowohl in der Rehabilitation als auch im Spitzensport.

- In der Rehabilitation hat man zum Beispiel die Erfahrung gemacht, dass es möglich ist, mit entsprechendem Training das Gehirn von hirngeschädigten Schlaganfallpatienten wieder zu seiner alten Leistungsfähigkeit zurückzuführen: Durch intensives Training übernehmen die Tausenden von ungenutzten Gehirnzellen die Funktion der beschädigten Zellen.
- Ein weiteres Beispiel: In der Alzheimer-Forschung hat sich die Erkenntnis durchgesetzt, das Fortschreiten der Alzheimer-Krankheit werde unter anderem dadurch begünstigt, dass sich viele Menschen gerade im Alter keinen neuen geistigen Herausforderungen mehr stellen – dass sie aufhören, ihr Gehirn zu trainieren.

Sportliche Erfolge werden durch Training erreicht und durch richtige Ernährung unterstützt. Ähnliches gilt für das Gehirn: Training macht das Gehirn leistungsfähiger für Lernprozesse, und die richtige Ernährung unterstützt diesen Prozess. Mehr über diese aktuellen Erkenntnisse aus der Biochemie finden Sie in ▶▶ **Tipp 45 bis 47**.

Motivation und Konzentration haben im Sport ebenfalls eine große Bedeutung – und ebenso im Lernprozess. Es lernt sich viel leichter, wenn man die richtige Einstellung zum Lernen hat und wenn man sich voll und ganz auf die zu bewältigende Aufgabe konzentrieren kann.

Der Schwerpunkt des Buches liegt jedoch in dem Bereich der Übungen und Trainingsmöglichkeiten. Hier bekommen Sie die Möglichkeit, sich mit neuen Lernmethoden vertraut zu machen, um so Ihren Lernprozess effektiver zu gestalten.

INHALT

Teil I · WAS GRUNDLEGEND ZUM EFFEKTIVEN LERNEN BEITRÄGT

Diesen Teil sollten Sie lesen, wenn Sie mehr darüber erfahren möchten, wie Sie Ihre Lernumgebung, also Ihren idealen Ort zum Lernen, finden und unterstützend einrichten. Sie erfahren, wie es gelingt, eine positive innere Einstellung zum Lernen einzunehmen, damit Lernblockaden gar nicht erst aufkommen.

Gestaltung der Lernumgebung

Für den Fall, dass Sie alleine nicht den Weg zum Lernen finden, bilden Sie eine Lerngruppe und bearbeiten Sie Lerninhalte gemeinsam. Worauf es dabei ankommt, lesen Sie ebenfalls in diesem Teil.

Außerdem geht es um die Frage, wie Sie Ihre Lernunterlagen ansprechend gestalten und nur das wirklich Wichtige farbig hervorheben.

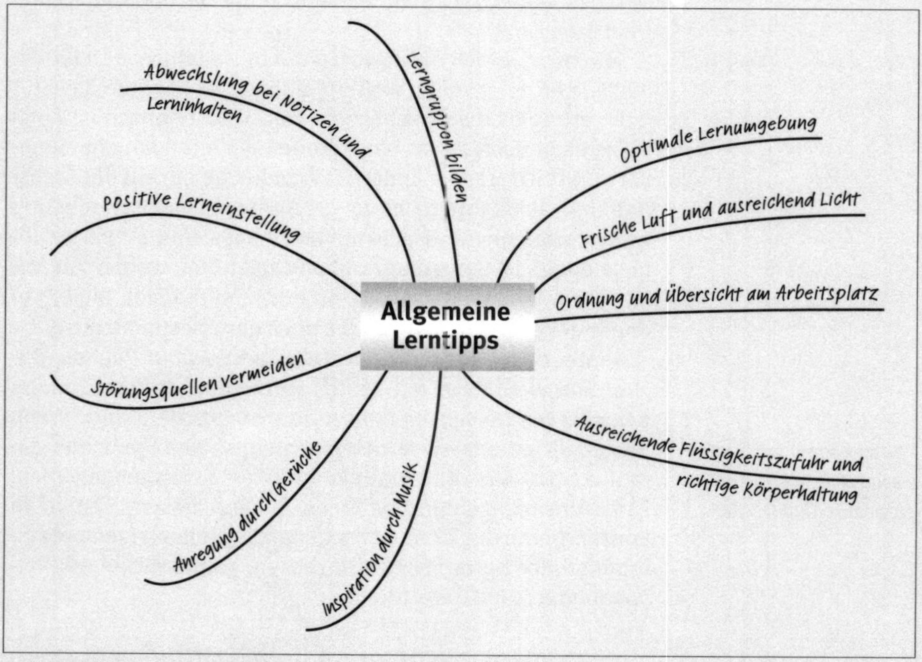

Abb. 1: Allgemeine Lerntipps

Tipp 1 Gestalten Sie Ihre optimale Lernumgebung!

Eine positive Einstellung zum Lernen entwickeln

Das Thema Lernen ist für viele nicht gerade positiv besetzt, assoziieren sie damit doch allzu schnell Stress, Schule, Prüfungen, Angst und Noten. Aber das muss nicht so bleiben. Ändern Sie Ihre Einstellungen zum Lernen, lernen Sie auf andere Art und viel einfacher Zusammenhänge, Vokabeln und Fakten, Namen, Zahlen, Ereignisse und Begebenheiten. Lernen Sie, Texte auswendig zu lernen, zu erfassen, zu überarbeiten und zusammenzufassen und wesentliche Informationen aus Texten herauszuarbeiten. Lernen Sie, Lernstoff zusammenzustellen, zu organisieren und aufzubereiten.

Lernen kann ungeheuer viel Spaß machen. Dafür müssen Sie aber natürlich die in der Schulzeit erworbene komplizierte Lern- und Denkhaltung ablegen und sich neue Strategien und Methoden aneignen. Lernen ist ein Prozess, der sich nicht von heute auf morgen abhaken lässt. Das Gehirn ist ein dynamisches Organ, das man spielerisch, locker und mit Freude trainieren kann.

Jeder muss lernen

Machen Sie sich nichts vor: Jeder muss lernen – ob für die nächste Prüfung, einen Weiterbildungskurs oder um das Studium erfolgreich abzuschließen. Und selbst danach ist noch lange nicht Schluss. Im Beruf stehen Weiterbildungen, Seminare und sich ständig ändernde Arbeitsgebiete auf der Tagesordnung. All das stellt uns vor die Aufgabe, immer wieder und weiter zu lernen – und nicht nur das: Angesichts der Informationsmenge, die heutzutage auf uns einströmt, werden Sie immer mehr lernen müssen. Wer da nicht mitkommt, bleibt auf der Strecke. Und das wollen Sie doch ganz bestimmt nicht.

Wenn Körper, Geist und Seele zusammenwirken, lernt man am effektivsten

Hinter dem Begriff Lernen steht mehr als nur Pauken, Bücher und viel Mühe. Mit Lernen verbinden wir Entspannung genauso wie Wissen über unser Denkorgan, das Gehirn. Wenn Sie möglichst effektiv lernen möchten, sollten Sie immer darauf achten, dass Körper, Geist und Seele zusammenwirken. Es ist Unsinn, sich nur auf einen Teil aus diesem System zu konzentrieren und ohne Bedacht auf die anderen Elemente zu arbeiten. Ihr Körper wird sich rächen, zum Beispiel mit Verspannungen und Gereiztheit.

ACHTEN SIE DESHALB AUF EIN GLEICHGEWICHT ZWISCHEN KÖRPER, GEIST UND SEELE.

Um dieses Gleichgewicht herzustellen, ist es sehr wichtig, eine angenehme Atmosphäre zu schaffen, in der man effektiv lernen kann. Schließlich lernt es sich am besten in einer Umgebung, in der man sich wohl fühlt. Die Lernumgebung kann – je nach Lerntyp – durch Personen, Geräte, Objekte, Symbole und Medien gestaltet werden. Die Gestaltung der Lernumgebungen hängt dabei sehr von der individuellen Vorstellung über das Lernen ab.

Gestaltung der Lernumgebung

Gibt es einen Platz in Ihrer Wohnung, an dem Sie sich besonders gern aufhalten? Vermutlich können sich die Wenigsten den Luxus eines Zimmers leisten, das exklusiv für das Lernen reserviert ist. Trotzdem sollten Sie versuchen, sich einen solchen Raum zu schaffen – es muss ja nicht gleich ein ganzes Zimmer sein. Sie müssen nicht unbedingt stur am Schreibtisch sitzen oder Platz schaffen, wo keiner ist.

WAS SIE BRAUCHEN, IST EIN PLATZ NUR FÜR DAS LERNEN, AN DEM NICHTS HERUMLIEGT, WAS NOCH KURZ ERLEDIGT WERDEN MUSS, WAS VIELLEICHT INTERESSANTER WÄRE ODER AUCH NUR BEISEITE GERÄUMT WERDEN MUSS.

Ein Platz, der exklusiv für das Lernen reserviert ist

Wenn Ihnen dafür kein ganzes Zimmer zur Verfügung steht, sollten Sie einen solchen kleinen Raum schaffen. Das kann etwa eine Kiste sein, in der Sie alle relevanten Bücher und Unterlagen aufbewahren. Und wenn es Ihnen beispielsweise gelingt, einen Tisch halbwegs leer zu halten und die für das Lernen benötigten Utensilien immer an ein und derselben Stelle abzulegen, haben Sie schon ein kleines Refugium gewonnen.

Zu einer freundlichen Lernumgebung gehören auch nette Accessoires wie Pflanzen, Bilder und Blumen. Sie erhöhen den Wohlfühlfaktor, entspannen, bringen Leben in den Raum und regen die Kreativität an (vgl. http://memomo.net).

Versorgen Sie den Arbeitsplatz mit frischer Luft und ausreichend Licht!

Tipp 2

Konzentration ist das, was Sie brauchen, um effektiv zu lernen. Damit Sie sich aber konzentrieren können, brauchen Sie viel Sauerstoff. Gerade in Büros, in denen mehrere Personen arbeiten, ist die Versorgung mit Sauerstoff oft sehr schlecht. Die Folge ist Schläfrigkeit und Konzentrationsverlust.

Genügend Sauerstoff fördert die Konzentrationsfähigkeit

ÖFFNEN SIE IHRE FENSTER UND SORGEN SIE SO FÜR AUSREICHEND SAUERSTOFFZUFUHR IM RAUM.

Wenn das nicht möglich ist, drehen Sie zwischendurch eine Runde um Ihren Häuserblock und durchlüften Sie Ihr Gehirn.

Tageslicht ist die beste Lichtquelle zum Lernen

Neben dem Sauerstoff brauchen Sie, um effektiv lernen zu können, auch angenehmes Licht. Am besten geeignet ist Tageslicht, denn die Sonnenstrahlen aktivieren unseren Körper auf natürliche Weise. Außerdem ist Tageslicht die beste Lichtquelle zum Lernen und Arbeiten. Stellen Sie Ihren Schreibtisch also in die Nähe eines Fensters, denn dort ist es am hellsten. Falls nicht genügend Tageslicht zur Verfügung steht, können Sie so genannte Tageslichtlampen oder Vollspektrumlampen einsetzen. Diese Lampen gibt es als Leuchtstoffröhren oder als typische Energiesparlampen. Versuchen Sie die Lichtquellen so zu platzieren, dass Ihre Schreibhand keinen Schatten auf Ihre Arbeitsunterlagen wirft. Für Rechtshänder ist es also optimal, wenn das Licht über die linke Schulter fällt; für Linkshänder sollte das Licht von rechts kommen.

3 Wahren Sie an Ihrem Arbeitsplatz Ordnung und Übersicht!

Ordentliche Menschen lernen zwar nicht besser, aber unordentliche verlieren mehr Zeit. Daher gehören Ordnung und Übersicht zu den wichtigsten Voraussetzungen effektiven Lernens.

Wenn Sie jedes Mal, wenn Sie lernen wollen, erst einmal viel Zeit aufwenden müssen, um Ihre Bücher zu suchen, Textstellen nachzuschlagen und den Schreibtisch aufzuräumen, wirkt sich das auf die Dauer negativ auf den Lernfortschritt und damit auf die Motivation aus.

Das Gehirn liebt Übersicht und Klarheit, auch und vor allem am Arbeitsplatz. Ein wüster Haufen überfordert das Gehirn, unwichtige Sachen lenken Sie ab.

Übersichtliche Aufteilung der Lernmaterialien

Ordnung allein ist aber noch nicht alles: Zusätzlich sollte Ihr Arbeitsplatz übersichtlich aufgeteilt sein, um das Lernen zu erleichtern. Ordnen Sie Ihre Materialien am besten nach den Aufgaben und in der Reihenfolge, in der Sie sie benötigen (vgl. www.zeitzuleben.de). Unwichtige Unterlagen gehören in ein Archiv oder gleich in den Papierkorb. So sehen Sie, was noch erledigt werden muss und wie viel Sie schon geschafft haben. Ihr Gehirn freut sich über klare Strukturen. Und Sie freuen sich über schnellere Fortschritte und bessere Lernergebnisse.

Vermeiden Sie, beim Lernen ständig aufstehen zu müssen, um etwas zu holen oder zu suchen. Das schadet Ihrer Konzentration. Sorgen Sie daher dafür, dass Sie alle benötigten Dinge in Griffweite haben. Zu diesem Zweck empfiehlt sich ein Regal neben dem Schreibtisch, in dem Sie benötigte Materialien und Utensilien wie Bücher, Nachschlagewerke, Schreibgeräte, Notizzettel und Taschenrechner übersichtlich und griffbereit aufbewahren können (vgl. www.lerntippsammlung.de).

 4 ## Achten Sie auf ausreichende Flüssigkeitszufuhr und auf Ihre Körperhaltung!

Wichtig für effektives Lernen ist eine ausreichende Flüssigkeitszufuhr. Denn besteht erst ein Flüssigkeitsmangel, macht sich das als erstes im Gehirn negativ bemerkbar. Wasser und Tee eignen sich hierbei am besten. Grüner Tee zum Beispiel wirkt anregend, wenn man ihn zwei Minuten lang ziehen lässt. Am Abend empfiehlt sich beispielsweise Roiboschtee: Er ist reich an Mineralien und enthält kein Koffein, sodass er einem guten Schlaf nicht im Wege steht.

Flüssigkeitszufuhr

Auch auf die richtige Körperhaltung kommt es an, wenn Sie erfolgreich lernen möchten: Wer falsch sitzt, kriegt schnell Rücken- oder Kopfschmerzen. Um aufrecht zu sitzen, sollten Sie dafür sorgen, dass Ihr Schreibtisch – je nach Körpergröße – eine Höhe von 75 bis 85 Zentimetern hat. Die Sitzfläche des Stuhls sollte etwa 20 Zentimeter niedriger, nicht zu weich und nicht zu hart sein. Stellen Sie die Lehne gerade, um Rückenschmerzen zu vermeiden. Falls Sie schon Rückenschmerzen haben, sollten Sie einen Orthopäden oder Chiropraktiker aufsuchen.

Körperhaltung

Neigen Sie den Kopf beim Sitzen nicht zu sehr zur Seite, denn das Gehirn bekommt diese Neigung von den Gleichgewichtsorganen mitgeteilt und reagiert darauf mit Müdigkeit.

Sehr zu empfehlen ist ein Schreibtisch mit leicht geneigter Schreibplatte: Das hat den Vorteil, dass der Abstand zwischen den Augen und den auf dem Tisch verteilten Unterlagen einigermaßen gleich bleibend ist. So werden die Augen weniger durch häufiges Umfokussieren beansprucht. Außerdem liegen die Unterlagen in einem besseren Winkel zum Auge.

Zu empfehlen: ein Schreibtisch mit geneigter Schreibplatte

5 Lassen Sie sich durch Musik inspirieren!

Die Musik gibt den Ton an und kann das Lernen wesentlich unterstützen. Natürlich ist das aber vom Lerntyp abhängig: Nicht jeder kann bei Musik gut lernen, und nicht jede Art von Musik ist geeignet: Das Radio sollten Sie auf keinen Fall einschalten, da es Sie durch Werbung, Nachrichten und andere Wortbeiträge ablenkt. Ungeeignet ist auch melancholische und sehr basshaltige Musik.

Klassische Musik mit einem Taktschlag pro Sekunde

Sehr zu empfehlen ist hingegen klassische Musik mit ungefähr einem Taktschlag pro Sekunde. Dieses Tempo entspricht in etwa dem Herzschlag des Menschen im Ruhezustand und wirkt deshalb entspannend. Sehr gut eignet sich zum Beispiel „Die vier Jahreszeiten" von Antonio Vivaldi.

Wer mit Musikbegleitung Vokabeln lernen möchte, kann auch zu etwas schnellerer klassischer Musik (zum Beispiel der „Neunten Sinfonie" von Ludwig van Beethoven) greifen: Sie wirkt euphorisierend und spornt deshalb an. (▶ TIPP 58)

6 Regen Sie Ihre Gehirnleistung mit Gerüchen an!

Einige Duftstoffe steigern die Lerneffizienz

Verzaubern Sie Ihren Raum mit Düften: Bestimmte Gerüche und Duftstoffe steigern nämlich die Lerneffizienz, indem sie die Konzentration verbessern und Energie geben. Dies sind vor allem wohlriechende Düfte und ätherische Öle. Sie können Ihr Gehirn gewissermaßen auf bestimmte Duftstoffe konditionieren: Wenn Sie sich in Lernsituationen immer wieder einem bestimmten Duft aussetzen, wird Ihr Gehirn sich dies merken. Irgendwann stellt es sich dann ganz automatisch auf Lernen ein, sobald Sie diesen Duft wahrnehmen.

Bestimmten ätherischen Ölen wird darüber hinaus eine lernstimulierende Wirkung nachgesagt:

- Lemongras wirkt beispielsweise anregend und konzentrationsfördernd,
- Rosenholz wirkt euphorisierend und
- Zitrone wirkt inspirierend.

Wenn Sie weitere Düfte wirkungsvoll einsetzen möchten, lassen Sie sich am besten in einem Spezialgeschäft beraten.

Damit sich die Düfte optimal entfalten, achten Sie auch auf eine angenehme Raumtemperatur. In dem Zimmer, in dem Sie lernen und geistig arbeiten, ist eine Raumtemperatur von etwa 20 Grad Celsius ideal. Sie sollten sich wohl fühlen und weder schwitzen noch frieren (vgl. www.lerntippsammlung.de).

Raumtemperatur

 ## 7   Vermeiden Sie Störquellen!

Wer glaubt, auch in einer störungsreichen Umgebung gut lernen zu können, irrt wahrscheinlich. Störquellen können sowohl von innen als auch von außen kommen, und man sollte versuchen, alle Störquellen auszuschalten: Telefon raus, angelesene Bücher verstecken, Esswaren im Kühlschrank einschließen, den Lebenspartner ins Kino schicken oder um Verständnis bitten.

Möglichst alle potenziellen Störquellen ausschalten

Äußere Störquellen

Suchen Sie sich ein ruhiges Plätzchen, an dem Sie ungestört von äußeren Einflüssen lernen können. Wie Sie bestimmt aus Erfahrung wissen, ist es schwer, in den Lernrhythmus hineinzukommen, wenn man einmal unterbrochen worden ist:

- Sorgen Sie dafür, dass Sie an dem Tag, an dem Sie lernen wollen, keinen Besuch bekommen, keine Anrufe erwarten und nicht zu Freunden eingeladen sind.
- Sagen Sie Ihrer Familie oder Ihren Mitbewohnern, dass Sie lernen und absolut nicht gestört werden wollen. Kleben Sie einen Zettel mit der Aufschrift *„Bitte Ruhe, ich lerne!"* von außen an die Tür.
- Schalten Sie das Handy und das Telefon auf Mailbox bzw. Anrufbeantworter um.
- Schalten Sie Fernseher und Radio aus. Falls Ihnen das sehr schwer fällt, suchen Sie einen Ort auf, an dem Ruhe vorgeschrieben ist, zum Beispiel eine Bibliothek.
- Ob Musik an sich für Sie störend oder motivieren ist, müssen Sie für sich selbst entscheiden.

Natürlich gibt es auch Geräusche und Störquellen, die man nicht so leicht abstellen kann: laute Straßenbahnen, Autolärm, die streitenden Nachbarn, der bohrende Obermieter oder die laute Discomusik des Jungen von nebenan. Trainieren

Sie, diese Geräusche zu überhören. Oder versuchen Sie, einige der Geräuschquellen vielleicht doch abzustellen. Möglicherweise lässt der Junge von nebenan ja mit sich reden? Wenn es trotz all dieser Ruhe-Maßnahmen immer noch zu laut ist, greifen Sie auf Ohrstöpsel zurück. Es ist zwar etwas gewöhnungsbedürftig, damit zu lernen, weil man das eigene Herz schlagen hört, aber daran gewöhnt man sich schnell.

Nicht immer aber sind es Geräusche und ist es so offensichtlich, was beim Lernen stört: Manchmal lenkt Sie auch etwas ab, mit dem Sie gar nicht rechnen, beispielsweise ein Bild an der Wand, die grelle Farbe Ihrer Tapete, das Blubbern Ihres Aquariums. Oder bereitet Ihnen der Stuhl Verspannungen und Kopfschmerzen?

VERSUCHEN SIE HERAUSZUFINDEN, WAS SIE STÖRT, UND TUN SIE ETWAS DAGEGEN.

Wenn man zu lernen beginnt, sollte man sich gesättigt und fit fühlen

Bevor es losgeht, sollten Sie noch eine Kleinigkeit essen, idealerweise Vitamine und Kohlenhydrate, denn die liefern die nötige Energie. Sie sollten sich ausreichend fit fühlen, wenn Sie mit dem Lernen beginnen, um nicht schon nach kurzer Zeit zu ermüden. Wenn Sie dann einmal mit dem Lernen begonnen haben, vergessen Sie die Uhr einfach. Konzentration ist wichtig, denn nach jeder Unterbrechung braucht man Zeit, um wieder ins Thema zu kommen – und dadurch wird alles nur viel anstrengender.

Innere Störquellen

Unbewusste, vor allem emotionale Faktoren und Druck spielen beim Lernen eine große Rolle. Wer Stress und Sorgen, nur 30 Minuten Zeit, noch nichts gegessen und Zahnschmerzen hat und gleichzeitig auf einen Telefonanruf wartet, ist nicht bereit zum Lernen. Gedanken schwirren wild umher – kein Wunder, dass Sie sich so nicht konzentrieren können. Aber machen Sie sich bitte keine Vorwürfe, Sie sind damit nicht allein. Selbstvorwürfe würden die Sache nur verschlimmern. Machen Sie sich Platz im Kopf!

SCHREIBEN SIE ALLES AUF, WAS SIE BEDRÜCKT, WAS IHNEN SORGEN BEREITET UND WAS SIE ZU ERLEDIGEN HABEN.

Versuchen Sie, diese Dinge sozusagen vorübergehend aus Ihrem Gehirn auf den Notizblock auszulagern. Wenn das nicht gelingt, bringt es nichts, die Gedanken zu unterdrücken; dann lassen sie sich nicht so leicht ausschalten. Beschäftigen Sie sich mit sich selbst und nehmen Sie sich ernst. Beginnen Sie mit dem Lernen zu einem späteren Zeitpunkt und nehmen Sie sich dann die Ruhe, die Sie zum Lernen brauchen.

Sorgen notieren und vorläufig beiseite legen

 8 Arbeiten Sie an einer positiven Lerneinstellung!

Wenn Ihnen Negatives durch den Kopf geht – Dinge wie *„Das schaffe ich nie"* –, ...

- versuchen Sie, diese Gedanken zu unterbrechen, indem Sie sich an angenehme Erlebnisse erinnern, beispielsweise an den letzten Sommer an der Ostsee,
- betrachten Sie für eine Weile das Bild an Ihrer Wand oder
- hören Sie leise Musik und
- lassen Sie den Gedanken freien Lauf.

Manchmal gibt es aber auch Fälle, in denen Menschen einfach nicht lernen können, also eine richtige Lernblockade haben. Falls Sie derartige Probleme haben, kann dies seelische oder emotionale Ursachen haben. In diesem Fall ist der Besuch eines Kinesiologen zu empfehlen.

 9 Sorgen Sie bei Ihren Notizen und Lerninhalten für Abwechslung!

Eine gute Mitschrift erspart Lernzeit und hat einen großen Einfluss auf den Lernerfolg. Lassen Sie daher viel Platz für Anmerkungen und Notizen und verzichten Sie auf die doppelseitige Nutzung der Blätter. Sind Ihre Unterlagen darüber hinaus übersichtlich und farbenfroh, macht das Lernen viel mehr Freude.

Gestaltung der Lernunterlagen

Außerdem prägt sich Ihr Gehirn schon während der Gestaltung den Stoff ein – einfach weil Sie sich, wenn Sie sich Mühe beim Gestalten und Markieren geben, länger damit befassen. Ein schöner Nebeneffekt: Das Wiederholen des Lernstoffs macht so viel mehr Spaß.

Technik des Markierens

Eine wichtige Technik beim Bearbeiten und Lernen von Texten ist das Markieren. Vermeiden sollte man dabei, ganze Textpassagen zu markieren. Schließlich hat das Markieren den Zweck, den Kern eines Textes hervorzuheben. Vor diesem Hintergrund empfiehlt es sich, Überschriften, Fachbegriffe und Merksätze jeweils einheitlich in der gleichen Farbe zu markieren. So fällt es hinterher leichter, sich im Text zurechtzufinden.

Was beim Markieren außerdem zu beachten ist, können Sie folgender Übersicht entnehmen.

Benutzen Sie zum Markieren von Textstellen diese Techniken: **P R A X I S**

- **Unterstreichungen** im Text für Signalwörter und Kerngedanken
- **Anstreichen am Rand** bei wichtigen Passagen:

  + Kreuz am Rand: *besonders einleuchtend, klar*

  ? Fragezeichen am Rand: *unklar, zweifelhaft*

  L Winkel am Rand: *Beispiel*

  O Kreis am Rand: *Zusammenfassung*

  → Pfeil am Rand: *Gedanke, dem Sie nochmals nachgehen wollen*

- **Einkreisen von Textfeldern und Verbinden der Textfelder mit Pfeilen** bei wichtigen Inhaltsbereichen, die in enger Beziehung zueinander stehen

---

Lerninhalte variieren

Um beim Lernen für genügend Ablenkung zu sorgen, ist es neben dem Markieren auch wichtig, die Lerninhalte zu variieren.

ACHTEN SIE DESHALB DARAUF, REGELMÄSSIG – AM BESTEN SPÄTESTENS NACH EINER STUNDE – ZU EINEM MÖGLICHST ANDERSARTIGEN LERNSTOFF ZU WECHSELN.

Das verhindert, dass es monoton wird und Sie die Lust am Lernen verlieren. Besonders stark sind die Lernhemmungen nämlich, wenn ähnliche Lerninhalte nacheinander aufgenommen werden. Lernen Sie daher beispielsweise erst für die Fremdsprache und anschließend dann Rechnungswesen und Recht.

Für reichlich Abwechslung sorgen Sie auch, wenn Sie bei den Lernmethoden erfinderisch sind. Eignen Sie sich neue Lerntechniken an, beispielsweise diese:

- Unterstreichen Sie Wichtiges.
- Stellen Sie sich beim Lernen selbst Fragen.
- Schreiben Sie mit oder machen Sie sich Notizen.
- Schreiben Sie eine Zusammenfassung (▶ TIPP 29).
- Lernen Sie in Gruppen (▶ TIPP 10).
- Wiederholen Sie schwierigen Lernstoff vor dem Einschlafen (▶ TIPP 34).
- Bilden Sie Eselsbrücken.
- Nutzen Sie beide Gehirnhälften aktiv (▶ TIPP 57).
- Loben oder belohnen Sie sich selbst (▶ TIPP 20).
- Führen Sie eine Lernkontrolle ein und sprechen Sie sich innerlich nach.

Durch neue Lernmethoden für Abwechslung sorgen

Tipp **10** Bilden Sie Lerngruppen!

Wer mit anderen zusammenarbeitet, kann mit einer Reihe von Problemen leichter fertig werden. Auch das ist natürlich wieder vom Typ abhängig, aber erfahrungsgemäß fällt es vielen leichter, mit anderen zusammen zu lernen als allein. Zwar gehört dazu auch ein gewisses Maß an Disziplin, damit aus dem Lerntreffen kein gemütlicher Plausch wird, aber das Lernen in der Gruppe hat einige Vorteile (vgl. http://memomo.net):

Vorteile von Lerngruppen

- Wenn man in der Gruppe lernt, schiebt man das Lernen nicht vor sich her, denn da man die anderen nicht warten lassen will, haben Ausreden wie *„noch schnell die Fenster putzen"* oder *„rasch etwas einkaufen"* keine Chance.
- Wenn man alleine über einem scheinbar völlig unverständlichen Sachverhalt brütet, resigniert und verzweifelt man schnell. Das ist anders, wenn man gemeinsam darüber nachdenkt.
- Wer allein lernt, beißt sich leicht an einem Problem fest und gelangt in eine Sackgasse. Da hilft es, wenn der Lernpartner weiterdenkt und einem wieder zu einer klaren Sicht verhilft.

Was es beim Lernen in der Gruppe zu beachten gilt, erfahren Sie in der Übersicht auf der nächsten Seite.

Beachten Sie beim Lernen in der Gruppe diese Hinweise:

PRAXIS

- Gründen Sie eine Lerngruppe mit zwei bis vier Personen.

- Achten Sie darauf, dass die Teilnehmer einen ähnlichen Wissensstand und den gleichen Lernrhythmus haben.

Arbeitsplan für die Lerngruppe

- Erstellen Sie vorab einen Arbeitsplan für die Gruppe, damit die Treffen so effektiv wie möglich sind. Auf den Arbeitsplan gehören diese Punkte:
  - Häufigkeit der Sitzungen
  - Dauer (Anfangs- und Endpunkt)
  - Thema (Fach)

- Bauen Sie das Lernen in der Gruppe in drei Phasen auf:
  - Phase 1: Jeder erarbeitet die Lerninhalte zunächst allein und bereitet vertiefende Überlegungen und offene Fragen für die Lerngruppe vor.
  - Phase 2: In der Lerngruppe werden offene Fragen geklärt, vertiefende Überlegungen diskutiert; man stellt sich gegenseitig mögliche Prüfungsfragen und diskutiert Lösungen.
  - Phase 3: Nach dem Treffen sollte jeder Teilnehmer die Ergebnisse der Lerngruppe für sich nachbereiten.

Teil II WIE SIE BEIM LERNEN IHRE ZEIT EINTEILEN UND STRUKTURIEREN

Diesen Teil sollten Sie lesen, wenn Sie mehr darüber erfahren möchten,

- wann Sie Ihr persönliches Leistungshoch haben,
- wie Sie Ihre Lernphasen darauf ausrichten,
- warum es wichtig ist, regelmäßig Pausen einzulegen und
- warum eine gute Zeiteinteilung schon die halbe Miete ist.

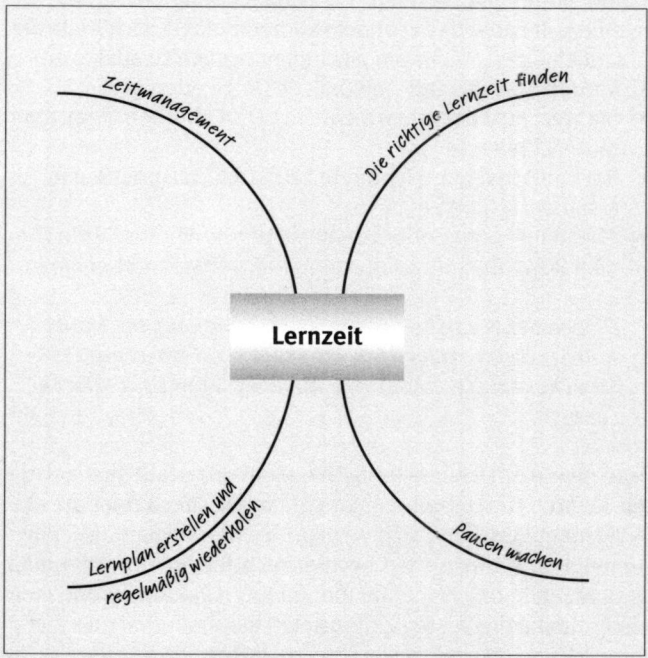

Abb. 2: Die richtige Lernzeit

Tipp 11 Finden Sie die richtige Lernzeit!

Der Mensch lernt an verschiedenen Tageszeiten unterschiedlich gut. Den Verlauf der Aufnahmefähigkeit bezeichnet man als Lernkurve: Die meisten Menschen sind vormittags am aufnahmefähigsten; am frühen Nachmittag können sie meist schlechter lernen. Am frühen Abend geht die Lernkurve dann wiederum stark nach oben.

Die Lernkurve gibt den Verlauf der Aufnahmefähigkeit wieder

Aber natürlich sind nicht alle Menschen gleich, weshalb jedem zu raten ist, seine persönliche Lernkurve aufzustellen. Daran sollte man seinen Tagesablauf ausrichten. Für jemanden, der abends besonders aufnahmefähig ist, könnte der Ablauf eines Lerntages am Wochenende etwa so aussehen:

- Vormittags: wichtige persönliche Dinge erledigen
- Mittags: kurz ausruhen (etwa 30 bis 45 Minuten lang), aber nicht schlafen
- Nachmittags: mit leichterem Lernstoff (beispielsweise mit Fremdsprachen) beginnen
- Abends: gegen 18 oder 20 Uhr mit den lernintensiveren Themen (etwa Buchführung oder Wirtschaftsrecht) beginnen

DER WESENTLICHSTE FAKTOR BEIM LERNEN IST DIE KONTINUITÄT. DENN WENN MAN ZU FESTEN ZEITEN LERNT, IST SICHERGESTELLT, DASS MAN AUCH REGELMÄSSIG WEITER LERNT.

Man gewöhnt sich einen Rhythmus an und stellt sich geistig zur rechten Uhrzeit schon mal auf die Wissensaufnahme ein. Außerdem lässt man sich weniger leicht ablenken und kann gegenüber Mitmenschen leichter rechtfertigen, warum man gerade jetzt noch nicht mal fünf Minuten Zeit hat. Wenn man sich selbst keine festen Zeiten setzt, wirkt ein *„Ich muss jetzt lernen"* hingegen leicht wie eine Ausflucht.

Tipp 12 Lernen Sie mit Pausen!

Da die Aufnahmefähigkeit begrenzt ist, sollte man dem Gehirn hin und wieder eine Pause gönnen. Die meisten Menschen können sich nicht beliebig lang auf eine Sache konzentrieren. Wie lange man das kann, ist individuell verschieden.

EINE PAUSE VON ZEHN BIS 15 MINUTEN PRO DREIVIERTEL-STUNDE HILFT, DEN LERNPROZESS WIEDER ZU BESCHLEU-NIGEN.

Diese Pause soll der puren Entspannung dienen. Erledigen Sie deshalb in dieser Zeit nichts Wichtiges oder Anstrengendes!

Pausen sollen der Entspannung dienen

Öffnen Sie das Fenster, dehnen und strecken Sie Ihren Körper, genießen Sie eine Tasse grünen Tee, nehmen Sie einen Apfel und eine Möhre zu sich und lassen Sie die Seele baumeln. Dies versorgt den Körper mit Kohlenhydraten und Vitaminen, die vor allem das Gehirn benötigt, um zu arbeiten.

Länger als sechs Stunden sollten Sie pro Tag nicht konzentriert lernen, sonst tritt irgendwann der gegenteilige Effekt ein und man beginnt, das Stunden zuvor Aufgenommene wieder zu „überlernen" (vgl. http://memomo.net).

Tipp 13 Machen Sie einen Lernplan und wiederholen Sie regelmäßig!

Beginnen Sie mit zehn bis 15 Minuten „Aufwärmzeit" und wiederholen Sie Leichtes vom vergangenen Tag. Lernen Sie lieber in kürzeren Blöcken als einmal lange am Stück.

Stellen Sie sich vor dem Lernen einen Plan, so genannte „Lernportionen", auf. Der Lernplan sollte angemessen voll gepackt sein. Dadurch wird das Gehirn auf den Lernprozess und den Lernstoff vorbereitet. Außerdem bewahren Sie so die Übersicht und Erfolge werden sichtbar, was wiederum die Motivation erhöht. Ein praktischer Nebeneffekt: Man bekommt ein schlechtes Gewissen, wenn man den Plan nicht eingehalten hat, und strengt sich dann mehr an.

Den Lernstoff in Lernportionen einteilen

Genauso wichtig wie der Lernplan sind regelmäßige Wiederholungen: Den im Weiterbildungskurs neu gelernten Stoff noch einmal in Ruhe durchzulesen, wirkt wahre Wunder. Wurden Übungsaufgaben zum Festigen vergeben, sollten Sie diese noch am gleichen Tag nach einer längeren Pause erledigen. So verarbeiten Sie den neuen Lernstoff besser und können ihn besser im Gedächtnis speichern.

Wichtig: regelmäßige Wiederholungen

Vor dem Schlafen lesen Sie noch kurz den Lernstoff durch, mit dem Sie am nächsten Tag weiter machen möchten. So bereiten Sie sich optimal vor.

Tipp 14 Zeitmanagement: Vermeiden Sie Stress!

Zeit ist für gewöhnlich knapp und damit ausschlaggebender Punkt einer jeden Organisation. Wer meint, er habe keine Zeit, irrt: Tatsache ist, dass nicht er die Zeit, sondern die Zeit ihn im Griff hat.

Wenn man versucht, unter Druck Aufgaben und Probleme zu lösen, entwickeln sich im Kopf Denkblockaden, die den Stress noch stärker ansteigen lassen. Man weiß nicht mehr, wo einem der Kopf steht. Das Denken ist blockiert. Ein Gedanke jagt den anderen.

Drei Methoden zur effektiven Zeitplanung

Im Folgenden lernen Sie drei Methoden kennen, mit denen Sie Ihre Zeit effektiv planen und so mehr erreichen können.

50:50-Regel

Zu jeder Arbeit gehören Pausen, um die Motivation, Konzentration und Kondition nicht zu gefährden. Aufgenommenes Wissen muss gespeichert und verarbeitet werden, damit man anschließend wieder „klar denken" kann.

Um vor diesem Hintergrund eine vernünftige Zeiteinteilung vorzunehmen, schreibt die 50:50-Regel vor, nur die Hälfte der zur Verfügung stehenden Zeit zu verplanen. Neben den geplanten Aktivitäten sollte demnach genügend Spielraum für Pausen, unvorhergesehene Aktivitäten und Verpflichtungen bleiben.

80:20-Regel

Die 80:20-Regel besagt, dass bereits 20 % des Zeitaufwandes zu 80 % der Ergebnisse führen. Bereiten Sie Ihre nächste Präsentation in nur zwei statt acht Stunden vor, so hat das fast den gleichen Effekt – und Sie haben sechs Stunden gespart.

Zurückzuführen ist die 80:20-Regel übrigens auf den italienischen Ökonomen Vilfredo Pareto – man spricht daher auch vom Pareto-Prinzip: Er stellte im 19. Jahrhundert fest, dass 80 % des Volksvermögens in den Händen von 20 % der Bevölkerung lag (vgl. Wingchen 1999, S. 75–78).

ALPEN-Methode

Diese Technik steht für eine effektive Planung, bei der Sie nie den Überblick verlieren können. Sie besteht aus fünf Elementen.

Zeitmanagement mit der ALPEN-Methode:

PRAXIS

Aufgaben, Aktivitäten und Termine aufschreiben

In diesem ersten Schritt erstellen Sie eine einfache To-do-Liste ohne Rücksicht auf die Reihenfolge. Was ist zu tun?

To-do-Liste erstellen

Länge der Tätigkeiten abschätzen

Im nächsten Schritt schätzen Sie die voraussichtlich benötigten Zeitspannen für jede Aufgabe ab. Seien Sie dabei realistisch, planen Sie lieber etwas mehr Zeit ein und schreiben Sie sich selbst genaue Termine (mit Uhrzeiten!) für die Erledigung der einzelnen Aufgaben vor.

Pufferzeiten einplanen

Da oft genug Unvorhergesehens passiert, rechnen Sie damit, dass Sie die eingeplante Zeit nicht zu hundert Prozent für diese Aufgabe nutzen können. Dabei sollten Sie sich in etwa an das Verhältnis 60:40 halten: 60 % der Zeit verplanen Sie konkret, 40 % rechnen Sie als Zeitpuffer ein.

60 % der Zeit konkret verplanen, 40 % als Zeitpuffer einrechnen

Entscheidungen über Prioritäten treffen

Setzen Sie sich Prioritäten: Welche Aufgaben sind am dringlichsten und wichtigsten? Um das zu ermitteln, empfiehlt sich die Einteilung der Aufgaben in verschiedene Kategorien nach den Regeln der ABC-Analyse:

- A-Aufgaben sind dringlich und wichtig und müssen sofort erledigt werden,
- B-Aufgaben sind weniger dringlich, aber wichtig und müssen terminlich festgehalten, und
- C-Aufgaben sind weder besonders wichtig und besonders dringlich – sie können daher delegiert werden.

Nachkontrolle

Im letzten Schritt kontrollieren Sie nicht nur die bearbeiteten Aufgaben, sondern auch Ihre Planung.

- Überprüfen Sie, wie genau Ihre Planung war und wie gut Sie sie einhalten konnten. Ihre Erkenntnisse können Sie in zukünftige Planungen einfließen lassen.
- Setzen Sie Unerledigtes auf die Planungsliste für den nächsten Tag.

Teil III   WIE PRÜFUNGSÄNGSTE GAR NICHT ERST AUFKOMMEN

Diesen Teil sollten Sie lesen, wenn Sie mehr darüber erfahren möchten,

- wie Sie Prüfungsängste besiegen,
- wie ein gezieltes Entspannungstraining Sie aus der hoffnungslosen Lage befreit und
- wie Sie anhand von Checklisten die einzelnen Etappen der Prüfungsvorbereitung meistern und sich mental auf die Prüfungssituation vorbereiten.

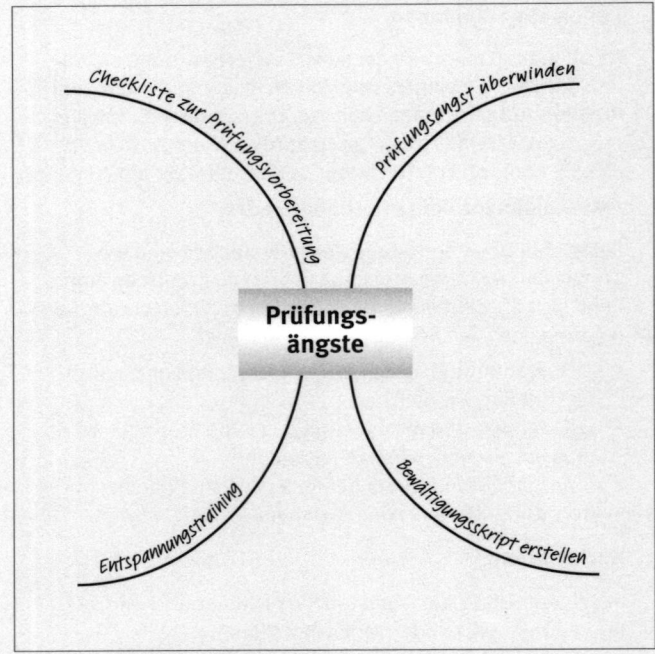

Abb. 3: Prüfungsängste

Tipp 15 Überwinden Sie Ihre Prüfungsangst!

Eine Prüfung steht kurz bevor, und Sie spüren die Angst im Nacken. Alles, was jetzt mit dem Lernen und der Prüfung in Verbindung steht, ist negativ belastet. Gedanken wie *„Das schaffe ich nie"* oder *„Ich werde mich blamieren"* lassen Ihre Nervosität, Angst, Mutlosigkeit und Anspannung steigen. Sie fühlen sich in einem Tunnel ohne Licht am Ende gefangen ...

Nun, aus diesem Prozess der Entstehung von Angst lassen sich Wege der Bekämpfung ableiten.

UNTERBRECHEN SIE IHRE NEGATIVEN GEDANKEN, INDEM SIE INNERLICH ODER TATSÄCHLICH LAUT „STOPP" RUFEN.

Versuchen Sie zu entspannen und ersetzen Sie die negativen Gedanken durch positive Vorstellungen. Legen Sie eine Pause ein, lassen Sie die Gedanken los und holen Sie sich Energie aus positiven Erinnerungen. Wiederholen Sie diese so oft wie möglich, ruhig bis zu hundert Mal am Tag.

Energie durch positive Erinnerungen

Anleitung zum Umgang mit Prüfungsangst

Machen Sie sich Mut, indem Sie zu sich selbst sprechen und sich motivieren:

- *Ich entspanne und atme tief durch.*
- *Ich habe mein Ziel klar vor Augen. Ich habe einen Plan und ich folge ihm.*
- *Ich habe die Energie, so hart wie nötig zu arbeiten, um mein Ziel zu erreichen.*
- *Mein Geist ist klar, wachsam und konzentriert.*
- *Ich verdiene den Erfolg!*

Tipp 16 Erstellen Sie ein Bewältigungsskript!

Erstellen Sie ein Skript, also eine Art Drehbuch, in dem Sie sich beweisen, dass kein Grund zur Aufregung besteht. Lesen Sie sich dieses Skript täglich vor und prägen Sie es sich ein, bis Sie es im Schlaf abrufen können.

Sich selbst beweisen, dass kein Grund zur Aufregung besteht

BEWÄLTIGUNGSSKRIPT: BEISPIELE

Beispiel 1: Prüfungsvorbereitung

Ich setze mich an meinen Schreibtisch und beschäftige mich ruhig und konzentriert mit den Inhalten, die für heute auf meinem Lernplan stehen. Ich male mir aus, was ich alles Schönes tun werde, wenn ich die Prüfung bestanden habe. Das motiviert mich.

Falls es mit dem Lernen nicht so vorangeht, wie ich es mir vorgenommen habe, bleibe ich ruhig und sage mir, dass selbst das Wenige, was ich lerne, besser ist als nichts. Eventuelle Panikgedanken nehme ich zwar zur Kenntnis, lasse sie aber schnell wieder zurückgehen.

Auch wenn ich etwas nicht gleich verstehe, besteht kein Grund zur Panik: Ich bleibe gelassen. Schließlich habe ich noch genügend Zeit und werde mich einfach später noch mal mit diesem Problem beschäftigen.

Beim Lernen gebe ich mein Bestes und tue alles, was mir im Moment richtig erscheint. Sollte sich das später als falsch herausstellen, mache ich mir keine Vorwürfe – schließlich handle ich nach bestem Gewissen und Fehler zu machen ist menschlich. Einmal gemachte Fehler werde ich in Zukunft vermeiden.

Für den Fall, dass meine Gedanken abschweifen, rede ich mir selbst ins Gewissen, ruhig und konzentriert zu bleiben. Ich sage mir, dass ich es schaffen kann – schließlich bin ich schon bis hierhin gekommen, dann kann ich auch noch viel weiter kommen.

Beispiel 2: Mündliche Prüfung

Alles, was ich zur Vorbereitung tun konnte, habe ich getan. Jetzt lasse ich die Prüfungsfragen einfach auf mich zukommen – mir kann nichts passieren.

Wenn Nervosität in mir hochsteigt, atme ich tief durch und versuche, ruhig zu bleiben. Wenn ich in der Prüfung eine Frage nicht beantworten kann, besteht kein Grund zur Panik. Ich muss nicht alles wissen; andere Fragen des Prüfers werde ich sicher beantworten können. Und wenn ich eine Frage nicht auf Anhieb verstehe, bitte ich den

Prüfer darum, sie noch einmal zu wiederholen. Ich darf mir Zeit zum Nachdenken nehmen.

Mir wird nichts Schlimmes passieren, ich schwebe ja nicht in Lebensgefahr. Schlimmstenfalls falle ich durch die Prüfung, aber dann bekomme ich eine neue Chance.

Beispiel 3: Schriftliche Prüfung

Alles, was ich zur Vorbereitung tun konnte, habe ich getan. Jetzt lasse ich die Prüfung einfach auf mich zukommen – mir kann nichts passieren. Ich lese die Aufgaben ruhig und konzentriert durch.

Wenn Nervosität in mir hochsteigt, atme ich tief durch und versuche, ruhig zu bleiben. Wenn ich alle Aufgaben gelesen habe, beginne ich mit derjenigen, die mir am einfachsten erscheint.

Wenn ich bei einer Aufgabe ins Stocken gerate, widme ich mich zunächst einer anderen Aufgabe und komme später darauf zurück. Zum Schluss überprüfe ich alle Lösungen noch mal auf Flüchtigkeitsfehler.

Mir wird nichts Schlimmes passieren, ich schwebe ja nicht in Lebensgefahr. Schlimmstenfalls falle ich durch die Prüfung, aber dann bekomme ich eine neue Chance.

17 Machen Sie Entspannungstraining!

Durch gezieltes Atmen können Sie bewusst ein Gefühl der Entspannung erzeugen und negative Spannungen und Angstgefühle kontrollieren. Auch hier gilt die Devise: fleißig üben.

Entspannen durch gezieltes Atmen

Anleitung zur Spontanentspannungstechnik

Atmen Sie etwas tiefer ein, als Sie das gewöhnlich tun. Dann atmen Sie in einer Bewegung wieder aus, ohne den Atem nach dem Einatmen anzuhalten. Wenn Sie ausgeatmet haben, halten Sie Ihren Atem ca. sechs bis zehn Sekunden lang an. Finden Sie selbst heraus, welche Zeit für Sie die angenehmste ist. Zählen Sie, während Sie den

Atem anhalten, in Gedanken von 1.001 bis 1.006 oder 1.010. Nachdem Sie den Atem angehalten haben, atmen Sie wieder ein. Atmen Sie in einer Bewegung wieder aus, ohne den Atem anzuhalten, und halten Sie ihn dann für weitere sechs bis zehn Sekunden an.

Wiederholen Sie diese Atemübung zwei bis drei Minuten lang oder so lange, bis Sie deutlich entspannter und ruhiger sind.

Tipp 18 Bereiten Sie sich mit einer Checkliste auf Ihre Prüfungen vor!

Um sich in der Zeit vor der Prüfung schonend mental auf das Bevorstehende einzustellen, folgen Sie am besten den nachfolgend aufgeführten Ratschlägen.

Checkliste für Prüfungen: PRAXIS

DIE ZEIT VOR DER PRÜFUNG

• Informieren Sie sich vorab über Prüfungsordnung und -ablauf, die Prüfenden und die Themen der Prüfung.

• Erstellen Sie einen langfristigen Lernplan sowie Tagespläne. Vergessen Sie dabei nicht, Pausen und auch Zeit für Vergnügungen einzuplanen.

• Besorgen Sie sich im Voraus Arbeitsmaterialien und Prüfungsunterlagen.

• Beginnen Sie schon jetzt mit motivierenden Übungen. Loben Sie sich für jeden kleinen Lernschritt, den Sie nach Ihrem Plan verwirklicht haben.

• Arbeiten Sie täglich an der Überwindung Ihrer Ängste und negativen Gedanken.

AM TAG VOR DER PRÜFUNG

• Stehen Sie zu der Zeit auf, zu der Sie auch am nächsten Tag, dem Prüfungstag, aufstehen werden.

• Beginnen Sie den Morgen mit Entspannungsübungen und auf keinen Fall mit Lernen.

- Legen Sie zurecht, was Sie zu der Prüfung anziehen möchten und was Sie in die Prüfung mitnehmen wollen.

- Führen Sie sich vor Augen, wie Sie am nächsten Morgen ruhig in die Prüfung gehen und möglicherweise entstehende Ängste erfolgreich bekämpfen werden.

DER TAG DER PRÜFUNG

- Beginnen Sie den Tag wieder mit Entspannungsübungen, auch schon im Bett.

- Genießen Sie ein leichtes, nahrhaftes Frühstück. Meiden Sie dabei zu viel Kaffee, Nikotin, Alkohol und Cola, da diese Sie nur noch mehr aufputschen.

- Machen Sie vor dem Betreten des Prüfungszimmers Atemübungen und reden Sie sich selbst gut zu: *„Ich habe mich gut vorbereitet. Ich werde es schaffen."*

- Gehen Sie Leidensgenossen aus dem Weg, die Ihre Stimmung verändern und Sie aus Ihren positiven Energien herausreißen können.

IN DER PRÜFUNG

- Wenn Sie eine Frage nicht beantworten können, überspringen Sie sie, anstatt sich daran festzubeißen. Es ist schließlich nichts dabei, auch mal etwas auszulassen.

- Fragen Sie gleich nach, wenn Sie eine Frage nicht verstehen. Denken Sie daran: Ihre positive Energie muss fließen. Wenn sie erst einmal zum Stoppen gezwungen wird, kann sie schnell in Ängste und Blockaden umschlagen.

- Sollte doch einmal eine Denkblockade aufkommen, entspannen Sie sich, reden Sie sich gut zu und atmen Sie tief durch, wie Sie es gelernt haben.

- Versuchen Sie generell in schriftlichen Prüfungen, sich zunächst einen Überblick über die Aufgaben zu verschaffen. Beginnen Sie dann mit der Aufgabe, die Ihnen am leichtesten fällt. Das motiviert, bringt Sie schnell voran und Sie fühlen sich gut. Später kommen Sie zu Aufgaben zurück, für die Sie etwas mehr Zeit brauchen.

Teil IV WIE SIE ANTRIEBSLOSIGKEIT ÜBERWINDEN

Diesen Teil sollten Sie lesen, wenn Sie mehr darüber erfahren möchten, wie Sie mit grundlegenden Problemen beim Lernen umgehen. Wenn Sie selbst den Eindruck haben, dass es mit dem Lernen nicht so vorangeht, wie es sollte, werden Sie hier einige Ihrer Teilprobleme wiederfinden und lernen, sie zu überwinden.

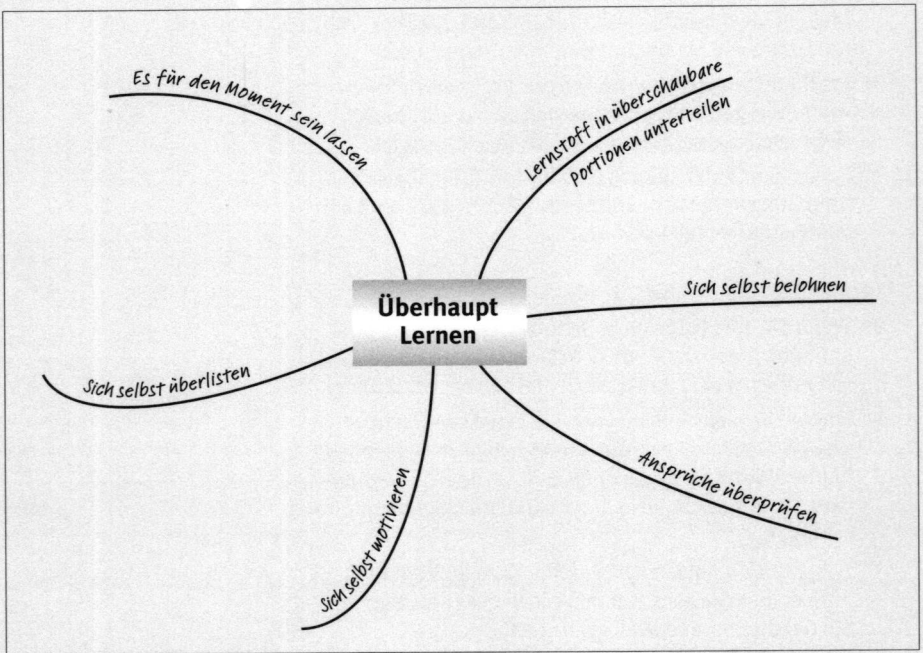

Abb. 4: Überhaupt Lernen

19 ## Unterteilen Sie Ihren Lernstoff in überschaubare Portionen!

Ein großer Berg an neuem Lernstoff liegt vor Ihnen, und Sie wissen: *„Ich muss das lernen!"*. Aber inrerlich sträuben Sie sich dagegen. Was tun?

Unterteilen Sie den Stoff in überschaubare Häppchen. Damit verhindern Sie, dass sich eine ablehnende Haltung aufbaut. Außerdem fördert dieses Vorgehen die Motivation, weil Sie immer wieder Etappensiege feiern können, wenn Sie ein Häppchen abgearbeitet haben.

Mehr Motivation durch Etappensiege

SETZEN SIE SICH ALSO REALISTISCHE ZIELE UND SEIEN SIE DABEI EHRLICH MIT SICH SELBST.

Planen Sie beispielsweise für das Erlernen der Grundkenntnisse einer neuen Fremdsprache nicht sechs Wochen, sondern lieber zehn Wochen ein: Das ist realistischer.

BEISPIEL: PLAN FÜR DAS ERLERNEN DER GRUND-KENNTNISSE EINER FREMDSPRACHE	
Woche 1	Grammatik lernen
Woche 2	Grundwortschatz aneignen
Woche 3–7	Möglichst viel schreiben und selbst formulieren; dabei auftauchende Grammatik- und Vokabelfragen nachschlagen
Woche 8–10	Ohne nachzuschlagen improvisieren; versuchen, nicht mehr auf Deutsch zu denken

(Vgl. http://memomo.net)

Wenn Sie beim Lernen in kleinen Schritten vorgehen, verschaffen Sie sich gleich mehrere Vorteile:

Vorteile des Lernens in kleinen Schritten

- Überschlägt man die Zeit, die man für die Bearbeitung des Lernstoffs braucht, bekommt man ein Gefühl für den erforderlichen Aufwand. Räumen Sie sich dabei genügend „Pufferzeiten" ein, damit Sie Ihren Plan auch dann erfüllen können, falls Unerwartetes eintritt.

- Stellt man die Planung sehr fein auf, kann man jeden Tag mit Erfolg ein Etappenziel abschließen: So hat man sein Arbeitspensum genau im Blick und kann Tag für Tag ein Häkchen unter einen (selbst definierten) Lernbereich machen. Schließlich wäre es doch sehr frustrierend, einen unüberschaubaren Berg vor sich zu haben, dessen Höhe auch nach Tagen noch nicht abzunehmen scheint.

- Ein entscheidender Vorteil einer realistischen Planung liegt darin, dass Sie den Stoff vorab grob gliedern müssen und sich so automatisch darüber klar werden, was auf Sie zukommt. Das verschafft Ihnen einen Gesamtüberblick, der nicht nur Ihrer Motivation, sondern auch Ihrem Verständnis des Lernstoffs nützen wird.

Alternative zur inhaltlichen Gliederung: eine zeitbezogene Aufteilung

Falls sich Ihr Lernstoff inhaltlich nicht fein einteilen lässt, können Sie auch eine zeitbezogene Aufteilung vornehmen.

Tipp 20 Belohnen Sie sich selbst!

Damit man beim Lernen motiviert ist, ist es wichtig, Erfolge verzeichnen zu können. Deshalb sollten Sie sich immer wieder selbst belohnen. Natürlich sollte die Belohnung dem Weiterlernen nicht entgegenwirken. Belohnen Sie sich daher regelmäßig mit kleinen und schnell realisierbaren Dingen. Es ist wichtig, dass die Belohnung zeitnah und greifbar ist, dass man also sofort seinen Erfolg zu spüren bekommt. Womit Sie sich belohnen, hängt von Ihren Vorlieben ab. Es kommt lediglich darauf an, dass die Belohnung Sie motiviert.

Wer sich zu selten oder gar nicht belohnt, kann schnell zu der Überzeugung gelangen, dass sich der ganze Aufwand des Lernens nicht lohnt. Sie sollten sich also allein schon dafür belohnen, dass Sie den ganzen Aufwand überhaupt auf sich nehmen.

VERGESSEN SIE DAS VORURTEIL, DASS EIGENLOB STINKT, UND BEGLÜCKWÜNSCHEN SIE SICH ZU ALLEM, WAS SIE ERREICHEN.

Dazu bietet sich beispielsweise das auf der folgenden Seite geschilderte System an.

Anleitung: So belohnen Sie sich selbst

Legen Sie realistisch fest, was Sie in den nächsten Stunden erreichen möchten. Unterteilen Sie diese Lerninhalte zunächst in inhaltliche, dann in zeitliche Häppchen, sodass Sie alle Einheiten im Rahmen Ihres Konzentrationsvermögens bewältigen können. Stellen Sie nun zwei Teller bereit, und legen Sie für jede Lerneinheit einen Cent auf einen der beiden Teller. Beginnen Sie nun mit der ersten Einheit, ohne an die anderen Einheiten zu denken. Wenn Sie die erste Einheit vollendet haben, wandert ein Cent vom vollen auf den leeren Teller. Legen Sie nun eine kurze Pause ein, in der Sie wild phantasieren dürfen.

Erst jetzt denken Sie an die zweite Einheit – und zwar ausschließlich. Verfahren Sie wie bei der ersten Einheit.

Im Laufe der Zeit wandern immer mehr Münzen von einem Teller zum anderen und machen den Fortschritt sichtbar. Als zusätzliche Motivatoren kommen der Ehrgeiz, den ersten Teller leer zu bekommen, und das in erreichbare Nähe rückende Großziel der erledigten Planung hinzu.

(Vgl. http://memomo.net)

 21 Überprüfen Sie Ihre Ansprüche!

Es ist frustrierend, wenn man sich überschätzt und einsehen muss, dass man sich unerreichbare Ziele gesetzt hat.

UM SYSTEMATISCH UND MIT ERFOLG ZU LERNEN, SOLLTEN SIE DAHER IHRE ZIELE KRITISCH IM AUGE HABEN, REGELMÄSSIG ÜBERPRÜFEN UND GEGEBENENFALLS NEU DEFINIEREN.

Wenn Sie bisher kaum Erfolge beim Lernen verzeichnen konnten, liegt das möglicherweise daran, dass Sie sich unrealistische Ziele gesetzt haben. Auch wenn Ihnen die Zeit sprichwörtlich davonzulaufen droht, sollten Sie einen kühlen Kopf bewahren. Es nützt nichts, das Arbeitspensum zu verdoppeln, wenn Sie schon die Hälfte nicht bewältigen konnten. Lernen Sie Ihre Grenzen kennen, akzeptieren Sie diese und überschreiten Sie sie nicht.

Die eigenen Grenzen akzeptieren

Tipp 22 Motivieren Sie sich!

Mangelnde Motivation ist ein Grund für das Abfallen der Leistungskurve. Führen Sie sich bildhaft vor Augen, warum Sie lernen wollen und was Sie mit dem erworbenen Wissen alles erreichen können. Das Bild muss nicht immer der Wahrheit entsprechen, Hauptsache Sie erreichen das Ziel. Erfinden Sie frei, aber bleiben Sie im Rahmen des Realistischen. Stellen Sie sich beispielsweise vor, wie Sie durch Ihren Fleiß beim Lernen beruflich weiterkommen werden.

Tipp 23 Überlisten Sie sich selbst!

Stehen Sie sich selbst beim Erreichen Ihrer Ziele im Weg, und ändern auch Vernunft und gute Worte wenig? Eigentlich wollen Sie endlich beginnen, Sie finden aber immer wieder eine Ausrede, mit der Sie das Lernen weiter hinauszögern?

Sich selbst ins Gewissen reden

Hören Sie in sich hinein. Ist es die Anfangspanik oder die Unlust? Reden Sie sich selbst ins Gewissen und sagen Sie sich, dass es doch gar nicht so lange dauern wird und dass Sie im Anschluss noch genügend Zeit haben werden, um – zum Beispiel – das schöne Wetter zu genießen. Greifen Sie zu einem Buch, das sich locker mit dem zu lernenden Thema befasst und Sie Schritt für Schritt näher bringt. Tricksen Sie sich aus und vertreiben Sie den ansteigenden Stress und die scheinbar unüberwindbaren Barrieren.

Tipp 24 Lassen Sie es, falls nötig, für den Moment einfach sein!

Es gibt Tage, da geht beim besten Willen nichts in den Kopf hinein. Sie fühlen sich überfordert, ausgepowert und lustlos. Auch das kommt vor und ist, solange es nicht täglich vorkommt, kein Grund zur Panik. Wenn Ihnen noch genügend Zeit zur Verfügung steht, lassen Sie die Seele baumeln und unterlassen Sie am besten alle Versuche, sich den Lernstoff hinein zu quälen. Andernfalls wird beim nächsten Mal die Hürde, mit dem Lernen zu beginnen, umso höher sein.

Lernen ist dann am wirksamsten, wenn man entspannt und geistig motiviert an eine Aufgabe herangeht.

Teil V

WIE SIE LERNINHALTE LANGFRISTIG UND EFFIZIENT IN IHREM GEDÄCHTNIS VERANKERN

Diesen Teil sollten Sie lesen, wenn Sie mehr darüber erfahren möchten, wie Sie Wissen dauerhaft verankern. Büffeln ist zwar eine funktionierende und sehr verbreitete Weise zu lernen, aber weder angenehm noch effizient.

Es gibt eine ganze Reihe von Methoden, mit denen man leichter und schneller lernen kann. Einige davon finden Sie hier beschrieben.

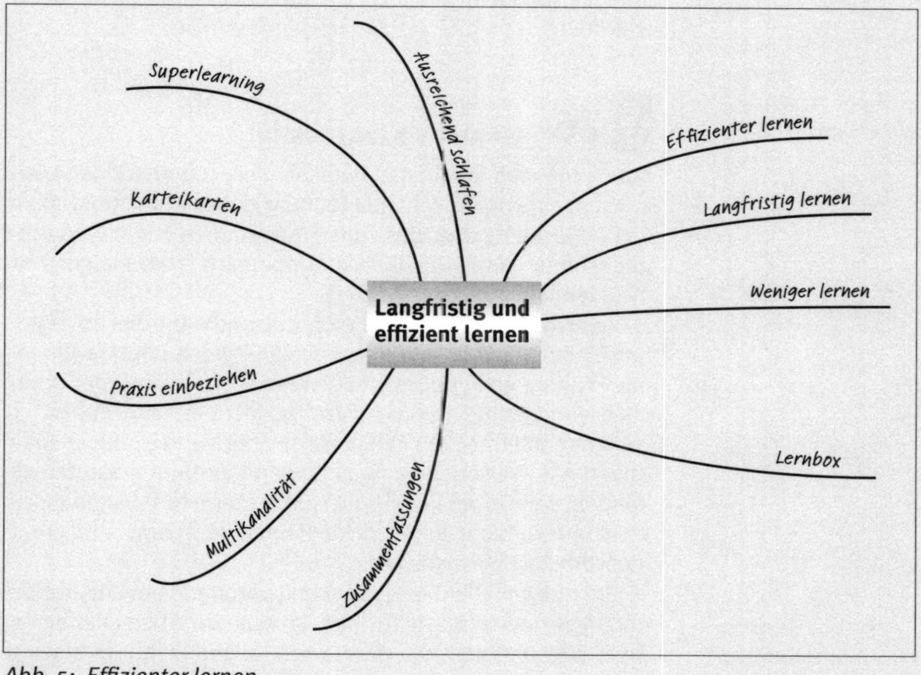

Superlearning

Ausreichend schlafen

Effizienter lernen

Langfristig lernen

Karteikarten

Langfristig und effizient lernen

Weniger lernen

Praxis einbeziehen

Lernbox

Multikanalität

Zusammenfassungen

Abb. 5: Effizienter lernen

25 Lernen Sie effizienter!

*Lernen wird leichter, je
mehr Vorwissen man hat*

Lernen wird leichter, je mehr Vorwissen man zum jeweiligen Lerngebiet hat. Wenn Sie also vor einer neuen Lernaufgabe stehen, sollten Sie sich zunächst vor Augen führen, was Sie zu dem betreffenden Thema schon wissen. Denn: Unsere Wahrnehmung ist in der Regel auf das beschränkt, was wir suchen bzw. erwarten. Fragen Sie sich also, was zu diesem Thema schon in Ihrem Langzeitgedächtnis gespeichert ist und was Sie bereits über die an das Thema angrenzenden Lerngebiete wissen.

Ihr zum Lernstoff gehöriges Vorwissen aktivieren Sie, indem Sie Fragen an den Stoff und sich stichwortartig notieren, was Ihnen zu dem betreffenden Thema einfällt.

26 Lernen Sie langfristig!

Man kann sich kurzfristig ziemlich viele Informationen merken, um eine bevorstehende Prüfung zu bestehen. Der Haken an der Sache ist aber, dass die Informationen nur im Kurzzeitgedächtnis hängen bleiben und man sich nach einiger Zeit nicht mehr daran erinnern kann.

Jeder muss für sich entscheiden, ob und wann dieses Vorgehen für ihn sinnvoll ist. Wenn es beispielsweise um eine einmalige Prüfung geht, deren Inhalte man später nie wieder brauchen wird, genügt es, das Kurzzeitgedächtnis zu bemühen.

In den allermeisten Fällen ist es aber wichtig, das einmal erworbene Wissen auch nach längerer Zeit noch abrufen zu können, denn in der Regel baut sich der Lernstoff systematisch gleich einer Mauer auf: Wenn das Fundament wegbricht, droht auch der Rest einzustürzen.

*In kleinen, überschau-
baren Abschnitten lernen*

Um diesem Effekt und der damit verbundenen Frustration entgegenzuwirken, sollte man in kleinen, überschaubaren Abschnitten lernen, die über einen langen Zeitraum hinweg aufgenommen und wiederholt werden.

WENN SIE IN ÜBERSCHAUBAREN BLÖCKEN VON ETWA ZEHN BIS VIERZIG MINUTEN LERNEN, KÖNNEN SIE DEN LEISTUNGSABFALL DES GEDÄCHTNISSES AUF EIN MINIMUM REDUZIEREN UND MEHR WISSEN AUFNEHMEN.

In Untersuchungen hat man herausgefunden, dass der Mensch sich am besten diejenigen Inhalte merken kann,

- die er am Anfang und am Ende einer Lernperiode aufgenommen hat,
- die sich in anderer Form vom restlichen Lernstoff abheben und
- die miteinander assoziiert werden können.

Vermeiden Sie beim Lernen daher, ähnliche Dinge (etwa sehr ähnlich klingende Vokabeln) unmittelbar hintereinander zu lernen. Lassen Sie mindestens zwanzig Sekunden zwischen der Aufnahme sehr ähnlicher Informationen vergehen.

Innerhalb von 24 Stunden vergisst man 80 Prozent des Gelernten. Um dem entgegenzuwirken und das einmal erworbene Wissen langfristig abrufbar zu machen, sollten Sie den betreffenden Lernstoff in bestimmten Abständen wiederholen (▶ TIPP 28), und zwar

Den Lernstoff in bestimmten Abständen wiederholen

- zehn Minuten nach der Lernperiode,
- 24 Stunden später,
- nach einer Woche,
- nach einem Monat und
- nach einem halben Jahr.

(Vgl. http://memomo.net)

27 Lernen Sie weniger!

Weniger ist manchmal mehr! Diesen Spruch kennen Sie aus vielen Lebenslagen, und auch beim Lernen findet er Anwendung. Denn wie Sie schon in den vorangegangenen Tipps erfahren haben, ist das Gehirn ein elastisches Organ, welches man wie einen Muskel trainieren muss. Und auch Muskeln brauchen hin und wieder eine Ruhepause, um sich zu erholen. Danach geht es umso leichter vorwärts.

Weniger ist manchmal mehr

Neuer Lernstoff wird in verschiedenen Etappen aufgenommen und gefestigt, die man berücksichtigen sollte, um Wissen langfristig zu verankern. Je nach Menge der Wissensaufnahme kann man das Gehirn schnell zum Überlaufen bringen. Das hat zur Folge, dass später Aufgenommenes gar nicht mehr gespeichert wird und die nächste Verarbeitungsstufe sehr langsam arbeitet.

Man kann das gut mit einem vollen Eimer Wasser vergleichen: Wenn Sie viel Wasser auf einmal hinzu gießen, geht viel daneben, weil das Wasser so schnell nicht in den angekoppelten leeren Eimer weiter fließen kann. Die Folgen: Es geht Wasser – und in Ihrem Fall Lernstoff – verloren, den Sie nicht mehr einfangen können.

ZU LANGE AM STÜCK ZU LERNEN, SCHADET IHNEN DAHER MEHR, ALS DASS ES IHNEN NÜTZT.

Tipp 28 Lernen Sie mit einer Lernbox!

Die Lernbox eignet sich insbesondere zum Fremdsprachenlernen

Mithilfe einer Lernbox können Sie effizient und über einen längeren Zeitraum hinweg umfangreichen Stoff erarbeiten. Besonders gut geeignet ist die Lernbox für das Lernen von Fremdsprachen, aber auch für andere Lerngebiete ist sie sehr zu empfehlen.

Eine solche Box können sie entweder kaufen (vorgefertigte Lernboxen für die gängigen Sprachen gibt es im Buchhandel) oder selbst basteln. Was Sie brauchen, sind eine aus mehreren – zum Beispiel fünf – Fächern bestehende Box und Karteikarten.

So lernen Sie mit der Lernbox: **P R A X I S**

- Beschriften Sie die Karteikarten auf der Vorderseite mit einem Stichwort aus Ihrem Lerngebiet und auf der Rückseite mit der dazu gehörgen Erläuterung bzw. Lösung.
- Legen Sie alle Karteikarten in das erste Fach.
- Nun geht es ans Lernen: Nehmen Sie die Karten der Reihe nach aus dem ersten Fach und fragen sich selbst ab.
  - Wissen Sie den auf der Karte enthaltenen Lernstoff bereits? Prima, dann wandert die betreffende Karte in das zweite Fach.
  - Sie kennen den Lernstoff noch nicht? Dann sortieren Sie die Karte wieder ins erste Fach ein, und zwar ganz nach hinten. Ist Fach 1 einmal durchlaufen, können Sie neue Karten hinzufügen.

- Nach diesem Prinzip gehen Sie nun so lange vor, bis das zweite Fach fast voll ist. Dann beginnen Sie damit, Fach 2 systematisch zu durchlaufen: Was Sie wissen, kommt in Fach 3; was Sie nicht wissen, wandert wieder in das erste Fach.
- Analog verfahren Sie dann mit den restlichen Fächern.
- Die Karten in Fach 1 wiederholen Sie am besten täglich, die Karten in Fach 2 jeden zweiten Tag, die Karten in Fach 3 jeden dritten Tag usw.

Um alle Inhalte der Karteikarten im letzten Fach korrekt wiedergeben zu können, müssen die Lerninhalte mehrere Wochen im Gedächtnis geblieben sein. Da die Vergessenskurve vor allem in den ersten Tagen nach dem erstmaligen Lernen sehr steil ist und einige Tage später aber enorm flach wird, können Sie davon ausgehen, dass solche über Wochen behaltenen Inhalte dauerhaft in Ihrem Gedächtnis verankert sind.

29 Schreiben Sie Zusammenfassungen!

Es gibt verschiedene Formen, sich beim Lernen Notizen zu machen, von Stichworten bis hin zu Unterstreichungen. In den meisten Fällen sind diese Aufzeichnungen eher eine Erinnerungshilfe als eine Zusammenfassung und können nicht losgelöst vom Ausgangstext genutzt werden.

RICHTIGER UND EFFEKTIVER IST ES, DIE KERNAUSSAGEN DES GELESENEN TEXTES MIT EIGENEN WORTEN NEU ZU FORMULIEREN UND ZUSAMMENZUFASSEN.

Die Kernaussagen des Lernstoffs mit eigenen Worten formulieren

Dieses Vorgehen ist zwar etwas mühsamer, als schlichte Notizen zu machen, aber es lohnt sich, da es gleich mehrere Vorteile hat:
- Sie sind gezwungen, den Text als Ganzes noch einmal zu durchdenken und sich seine wesentlichen Aussagen vor Augen zu führen.
- Mit der Zeit entsteht gewissermaßen ein persönliches Lexikon, das alle Fragen zu Ihrem Lernstoff kompakt beantwortet und beliebig erweitert werden kann.

- Sie werden auf Verständnislücken aufmerksam, die Sie nun klären können.
- Informationen vom Textanfang, die Sie womöglich schon vergessen haben, werden nochmals wiederholt.

Tipp 30 Multikanalität: Setzen Sie beim Lernen alle Sinne ein!

Der Mensch hat bekanntlich fünf Sinne, mit denen er parallel zueinander Informationen aufnehmen kann. Diese Fähigkeit sollte man sich beim Lernen zunutze machen, denn je mehr Sinneskanäle angesprochen werden, umso mehr kann unser Gehirn mit den eingehenden Informationen anfangen. Und das bedeutet wiederum: Sind möglichst viele Sinne am Lernen beteiligt, verstehen wir leichter, und die Lerninhalte werden besser im Gedächtnis verankert.

Je mehr Sinne angesprochen werden, umso mehr kann das Gehirn mit den Informationen anfangen

Die ideale Situation, um die englische Entsprechung für „Schokolade" zu lernen, wäre beispielsweise, wenn man gerade sehr hungrig wäre und einem just in diesem Moment eine Tafel Schokolade mit den Worten „Some chocolate for you" angeboten würde. Natürlich ist die Lernsituation selten so ideal, aber dennoch kann man sich seine Sinne beim Lernen zunutze machen (vgl. http://memomo.net):

Setzen Sie beim Lernen so viele Wahrnehmungskanäle wie möglich ein: **PRAXIS**

Sprechen: Stellen Sie Fragen oder erklären Sie jemandem den Lernstoff mit eigenen Worten.

Lesen: Lesen Sie in unterschiedlichen Quellen, die Ihnen zur Verfügung stehen (Skript, Buch, Fachmagazin, Internet etc.).

Schreiben: Schreiben Sie eine kurze Zusammenfassung, aus der die wichtigsten Aussagen hervorgehen (▶ TIPP 29).

Sehen: Stellen Sie Ihren Lernstoff grafisch dar, zum Beispiel in Form einer Mindmap (▶▶ TIPP 91 BIS 96).

Handeln: Bauen Sie ein Modell oder fertigen Sie etwas an, das Sie beim Lernen unterstützt.

Tipp **31** Beziehen Sie die Praxis ein!

Alle Lerninhalte bleiben theoretisch, solange sie nicht in die Praxis umgesetzt und angewendet werden, und zwar von Ihnen selbst. Letzteres ist sehr wichtig, denn es bringt Ihnen wenig, wenn Sie sich die prinzipielle – und damit wieder theoretische – Anwendbarkeit Ihrer Lerninhalte vor Augen führen.

Lerninhalte in die Praxis umsetzen

> SCHAFFEN SIE EINEN BEZUG ZUR EIGENEN PRAXIS UND ZU BEREITS GELERNTEM – IHR GEDÄCHTNIS KANN DARAN NEUE LERNINHALTE ANKNÜPFEN.

Natürlich ist das nicht bei allen Inhalten möglich, aber Sie sollten es wenigstens versuchen. Beispiel: Sie verfügen über Grundkenntnisse für die Arbeit am PC. In einem Fortbildungskurs für Tabellenkalkulation mit Excel erlernen Sie umfangreiche Formeln und deren Anwendungsbereiche. Aufgrund Ihrer Vorkenntnisse können Sie das Wissen sofort richtig zuordnen, in die Praxis umsetzen und erfolgreich anwenden.

Tipp **32** Lernen Sie mit Karteikarten!

Lernen und Wiederholungen stehen in direktem Zusammenhang, wenn es um das Verankern von Wissen geht. Eine besonders geeignete Methode der ständigen Wiederholung und Lernkontrolle ist die Anwendung von Karteikarten. Dieses Lernsystem eignet sich besonders für Vokabeln, Definitionen und jede Art von Formeln und lässt sich erweitern zur Lernbox (▶ TIPP 28).

Auf der Vorderseite der Karte notieren Sie die Frage bzw. die zu lernende Vokabel, auf der Rückseite die Antwort bzw. die Übersetzung.

In der Anwendung prägen Sie sich zunächst die Antworten oder Fremdwörter ein. Anschließend drehen Sie den Kartenstapel um und beantworten die Fragen. Zur Kontrolle werfen Sie einen Blick auf die jeweilige Rückseite und kontrollieren Ihre Antwort. Richtig beantwortete Fragen und Karten legen Sie beiseite, die anderen behalten Sie solange im Stapel, bis Sie sie beherrschen. Diesen Vorgang wiederholen Sie nach ein paar Stunden – Sie werden Ihren Fortschritt sehen.

Tipp 33 Lernen Sie mit der Methode des Superlearning!

Superlearning: eine Technik, die sich mit Lernblockaden beschäftigt

Superlearning ist eine suggestopädische Methode (▶▶ **Tɪᴘᴘ 56 ʙɪs 60**), die in den 1960er-Jahren von dem bulgarischen Pädagogen und Psychologen Georgi Losanow entwickelt wurde. Es handelt sich dabei um eine Technik, die sich mit Lernblockaden beschäftigt.

Sie beruht auf der Annahme, dass der Lernende im entspannten Zustand (auch Alpha-Zustand genannt) deutlich mehr aufnehmen kann als bei voller Konzentration (Beta-Zustand genannt).

So ist die erste Stufe der Wissensaufnahme gemeistert und der Lernstoff bereits unbewusst verankert. Im Anschluss müssen die Lerninhalte allerdings konzentriert nachgearbeitet werden.

Sᴜᴘᴇʀʟᴇᴀʀɴɪɴɢ ᴇɪɢɴᴇᴛ sɪᴄʜ ꜰüʀ ᴅᴇɴ Eʀᴡᴇʀʙ ᴇɪɴꜰᴀᴄʜᴇʀ Lᴇʀɴsᴛᴏꜰꜰᴇ (ᴢ.B. Vᴏᴋᴀʙᴇʟɴ, Nᴀᴍᴇɴ). Zᴜᴍ Vᴇʀsᴛᴇʜᴇɴ ᴋᴏᴍᴘʟᴇxᴇʀ Zᴜsᴀᴍᴍᴇɴʜäɴɢᴇ ɪsᴛ ᴇs ʜɪɴɢᴇɢᴇɴ ɴɪᴄʜᴛ ɢᴇᴇɪɢɴᴇᴛ.

Superlearning　　　　　　　　　　**Pʀᴀxɪs**

1. Sprechen Sie das, was Sie lernen möchten, mit ruhiger Stimme auf ein Tonband.

2. Entspannen Sie sich – beispielsweise mithilfe von autogenem Training (▶ **Tɪᴘᴘ 43**), progressiver Muskelentspannung (▶ **Tɪᴘᴘ 44**) oder anderen Entspannungstechniken sowie indem Sie für eine angenehme Lernatmosphäre sorgen (▶ **Tɪᴘᴘ 1**).
   Achten Sie insbesondere auf eine ruhige und bewusste Atmung.

3. Bauen Sie Lernbarrieren ab, indem Sie sich Mut zureden und ermuntern (*„Lernen macht Spaß.", „Ich kann gut und konzentriert lernen."*).

4. Lassen Sie während der Lernphase beruhigende Musik laufen (▶ **Tɪᴘᴘ 5**) und spielen Sie parallel das Tonband mit den Lerninhalten ab.

Tipp 34 Schlafen Sie ausreichend!

Beim Schlafen, speziell dem Träumen, verarbeitet das Gehirn die Lerninhalte, die man am Tag aufgenommen hat.

Die Traumphasen dienen der Verarbeitung tagsüber aufgenommener Eindrücke

Während die traumlosen Tiefschlafphasen der körperlichen Erholung dienen, nutzt der Geist die Traumphasen, um am Tag aufgenommene Eindrücke zu verarbeiten, darunter auch Gelerntes.

IDEAL WÄRE ES ALSO, WENN SIE NACH E¹NER INTENSIVEN LERNPHASE EINE SCHLAFPAUSE VON ETWA 15 MINUTEN EINPLANEN.

Danach fühlen Sie sich erfrischt; das Gehirn hatte die Gelegenheit, die Lerninhalte korrekt zu verankern, und ist bereit für Neues. Nach der Schlafpause wiederholen Sie kurz das zuvor Gelernte und fahren in Ihrem Lernplan fort.

Zu empfehlen ist außerdem, vor dem abendlichen Schlafengehen noch einmal einen Blick (es genügen fünf bis zehn Minuten) auf die Lernunterlagen zu werfen oder sie – noch besser – konzentriert durchzulesen. Danach kann man guten Gewissens einschlafen.

Vor dem Schlafen noch einen kurzen Blick in die Lernunterlagen werfen

Teil VI WIE SIE DOPPELT SO SCHNELL LESEN, OHNE INFORMATIONEN ZU VERLIEREN

Diesen Teil sollten Sie lesen, wenn Sie mehr darüber erfahren möchten, wie Sie die in der Schule erlernten Grundlagen des Lesens, nämlich das Erkennen von Wörtern, durch Speed Reading und andere Methoden erweitern können. Denn gerade in unserem so genannten Informationszeitalter sind wir permanent gezwungen, dazu zu lernen, was auch bedeutet, so viel wie möglich zu lesen.

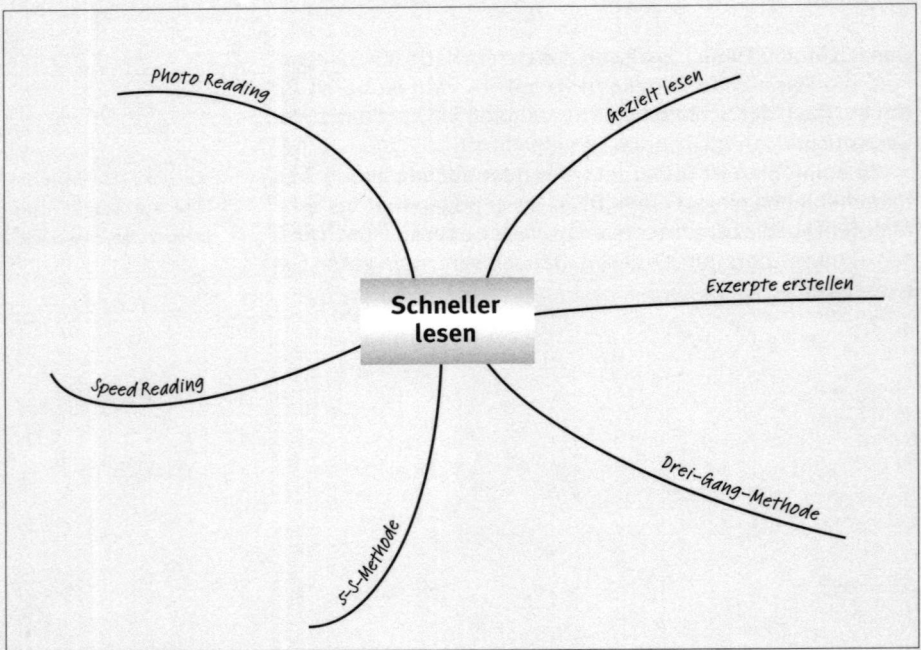

Abb. 6: Gezielt lesen

35 Lernen Sie, gezielt zu lesen!

Die vorrangigste Aufgabe beim Lesen von Fachliteratur ist es, sich ein Ziel zu setzen. Pures „Drauflos-Lesen" ist Zeitverschwendung, denn ohne Ziel weiß Ihr Gehirn nicht, wo es das Gelesene abspeichern soll.

Pures „Drauflos-Lesen" ist Zeitverschwendung

Das kennen Sie sicher aus eigener Erfahrung: Man beginnt ein Kapitel zu lesen, macht eine kurze Pause oder wird unterbrochen und stellt dann fest, dass man vor dem, was man gelesen hatte, gar nichts mehr weiß.

UM DAS ZU VERHINDERN, STELLEN SIE SICH FRAGEN, DIE SIE NACH DEM LESEN BEANTWORTEN, ODER FORMULIEREN SIE ZIELE, DIE SIE DURCH DIE LEKTÜRE ERREICHEN MÖCHTEN.

Beim gezielten Lesen wird sich vermutlich nebenbei auch Ihre Lesegeschwindigkeit verändern, denn um Ihrem Ziel näher zu kommen, werden Sie umfangreiche Fachliteratur automatisch langsamer lesen, um die wichtigen Details herausfiltern zu können. Dem sollten Sie mithilfe der in der nachstehenden Übersicht enthaltenen Methoden entgegenwirken, denn gezieltes Lesen sollte natürlich nicht nur inhaltlich, sondern auch zeitlich effektiv sein.

Gezieltes Lesen soll inhaltlich und zeitlich effektiv sein

„Die durchschnittliche Lesegeschwindigkeit liegt bei ca. 180 bis 200 Worten pro Minute. Das Gehirn arbeitet aber bei der doppelten Geschwindigkeit, also ca. 400 Worten pro Minute deutlich besser. Allerdings müssen Sie sich trauen, mit dieser höheren Geschwindigkeit zu lesen, denn in der Schule wurde den meisten Schülern beigebracht, man solle langsam und sorgfältig lesen. Ist das Gehirn einmal an eine höhere Geschwindigkeit gewöhnt, werden Sie die bessere Aufnahme des Lesestoffs bemerken."
(Vgl. www.lernen-heute.de/lesetips)

Eine weitere Empfehlung, die viele von uns in der Schule bekommen haben, dürfen Sie getrost auch ignorieren, nämlich die des lauten oder leisen Mitlesens: Diese Angewohnheiten – ebenso wie das gedankliche Mitlesen – sollten Sie ablegen, da sie für einen einigermaßen geübten Leser überflüssig sind und Ihnen kostbare Zeit rauben.

Mit einem spitzen Gegen-
stand unterhalb der
Lesezeile entlangfahren

| Gezieltes Lesen | **PRAXIS** |

Die Augenbewegung fixieren

Nehmen Sie einen Gegenstand, der gut in der Hand liegt und eine Spitze hat, beispielsweise einen Stift oder einen Mikado-Stab. Fahren Sie mit der Spitze unterhalb der Lesezeile entlang und folgen Sie mit dem Auge dem Text. Durch diese Fixierung wird Ihre Augenbewegung und letztendlich Ihre Lesegeschwindigkeit automatisch gradliniger und schneller. Zeitraubendes Zurückspringen entfällt. (▶ TIPP 39)

Das Blickfeld trainieren

Lösen Sie sich von dem beschränkten Blickfeld des fokussierten Lesens, bei dem Sie nur einzelne Wörter wahrnehmen, und trainieren Sie, ganze Wortgruppen gleichzeitig aufzunehmen.

Nehmen Sie sich ein Manuskript vor und schauen Sie nur in die Mitte des Blattes. Sie werden staunen, wie viele Wörter Sie erkennen, ohne die Augen zu bewegen. Mit ein bisschen Training werden Sie mit einem Blick ganze Textpassagen aufnehmen können.

Auf Hervorhebungen achten

Hervorhebungen im Text – etwa **Fett-** oder *Kursiv*druck, Überschriften und Bilder – weisen auf Informationsquellen hin und werden gezielt vom Auge erfasst. Sie erfüllen die gleichen Eigenschaften wie das Lesen mit offenem Blickfeld. Denn sie springen einem sprichwörtlich ins Auge, und wir entscheiden, ob die darin enthaltene Information für uns wichtig ist oder nicht.

Tipp 36 Erstellen Sie Exzerpte!

Das Lesen – insbesondere von Fachliteratur – ist ein aktiver Vorgang, denn beim Lesen nehmen Sie Informationen auf, die von Bedeutung für Ihren Lernfortschritt sind. Um das zu unterstützen, sollten Sie das Lesen mit aktiven Maßnahmen begleiten – beispielsweise, indem Sie während des Lesens Teile des Textes abschreiben: Sie halten in kurzen Sätzen oder auch nur in Stichworten die wichtigsten Inhalte fest. Man nennt dieses Vorgehen „exzerpieren".

Verwenden Sie für Ihre Niederschrift die Notizblätter einseitig, die Sie nach Themen geordnet Ihren Unterlagen beiheften können. Ordnen Sie dabei jedem Stichwort eine Seitenzahl des Quelltextes zu. Im Fall von fortlaufenden Recherchen erleichtert dies das Bearbeiten.

Notizblätter einseitig verwenden

 ## 37   Lesen Sie mit der Drei-Gang-Methode!

Untersuchungen haben ergeben, dass eine Führungskraft täglich bis zu 50.000 Wörter liest. Da liegt es nahe, sich Gedanken über effizientes Lesen zu machen, denn dahinter verbirgt sich, wie die oben genannte Zahl zeigt, ein wesentlicher Erfolgsfaktor in Beruf und Weiterbildung.

Eine bewährte Technik ist in diesem Zusammenhang die Drei-Gang-Methode, die das Lesen mit der Bewältigung eines steilen Bergpasses vergleicht, für die man mehrere Gänge benötigt (vgl. www.wksbern.ch).

Drei-Gang-Methode   **P R A X I S**

1. Gang: Grobes Überfliegen

Ehe Sie die erste Zeile lesen, verschaffen Sie sich mithilfe der Orientierungshinweise im Text (Kapitelüberschriften, Abbildungen etc.) einen Überblick, blättern Sie die zu lesenden Seiten durch, lesen Sie diagonal und werden Sie sich über die Struktur des Textes klar.

2. Gang: Gezieltes Lesen

Lesen Sie nun die Textpassagen, die Ihnen besonders wichtig erscheinen, in angemessener Geschwindigkeit. Neue Inhalte sollten Sie gründlich und langsam, bekannte Inhalte zügig lesen. Markieren Sie beim Lesen wichtige Textstellen.

3. Gang: Zusammenfassen

Fassen Sie nach dem Lesen die wichtigsten Informationen zusammen (▶▶ TIPP 29, 36).

Tipp 38 Lesen Sie mit der 5-S-Methode!

Um einen Text systematisch zu erfassen, bietet sich die 5-S-Methode an, die vom Aufbau her mit der Drei-Gang-Methode (▶ TIPP 37) verwandt ist, aber kleinschrittiger vorgeht. Sie besteht aus den fünf Schritten Sichten, sich Fragen, Suchen, Schreiben und Sichern und funktioniert im Einzelnen folgendermaßen (vgl. www.ruhr-uni-bochum.de/tw-tutorium):

5-S-Methode   **PRAXIS**

1. Sichten

Verschaffen Sie sich einen formalen Überblick über die infrage kommende Literatur mittels

– Titel und Kapitelüberschriften

– Autor, Verlag, Erscheinungsjahr, Auflage

– Klappentext, Vorwort, Nachwort, Register

Sortieren Sie Bücher, die irrelevant erscheinen, aus.

2. Sich fragen

Stellen Sie sich als nächstes W-Fragen (was?, warum?, wie?, wann? etc.) zum Inhalt des Buches, die Sie nach der Lektüre beantworten können möchten.

3. Suchen

Lesen Sie einzelne Kapitel, in denen Sie Antworten auf Ihre zuvor formulierten Fragen erwarten. Lesen Sie zunächst eher schnell und flüchtig, später selektiv, das heißt unter bestimmten Gesichtspunkten. Notieren Sie dabei wichtige Stichworte. Vollziehen Sie die Argumentation des Verfassers nach und lesen Sie wichtige Passagen mehrfach.

4. Schreiben

Beantworten Sie schriftlich und mit eigenen Worten die Fragen, die Sie sich in Schritt 2 gestellt haben.

5. Sichern

Rekonstruieren Sie die Gesamtargumentation und formulieren Sie knapp die zentrale These des gelesenen Textes.

Tipp 39 Beschleunigen Sie Ihr Lesetempo mit der Methode des Speed Reading®!

Wer lernen möchte, gezielt und schnell zu lesen, kann dies mithilfe des Speed Reading tun. Entwickelt wurde es in den 1970er-Jahren von dem britischen Mentaltrainer Tony Buzan.

Der Name deutet schon an, was sich dahinter verbirgt: Mit hoher Geschwindigkeit nehmen Sie Texte auf, um sie anschließend zu verarbeiten. Ziel ist, beim Lesen nicht die üblichen 200 Wörter pro Minute aufzunehmen, sondern die Lesegeschwindigkeit zu verdoppeln und 400 oder mehr Wörter pro Minute aufzunehmen. Das hat gleich zwei Vorteile: Zum einen sparen Sie Zeit, und zum anderen, so haben Forscher herausgefunden, kann das Gehirn Informationen, die mit hoher Geschwindigkeit aufgenommen werden, besser verarbeiten als solche, die mit normaler Geschwindigkeit aufgenommen werden.

Ziel ist, die Lesegeschwindigkeit mindestens zu verdoppeln

Wie aber verdoppelt man seine Lesegeschwindigkeit? Es geht zunächst darum, die Augen so zu trainieren, dass sie den zu lesenden Text schneller erfassen. Voraussetzung dafür ist, unwillkürliche Augenbewegungen auszuschalten, und zwar

Unwillkürliche Augenbewegungen ausschalten

- zum einen das häufige Zurückkehren zu Textteilen, die man meint, noch nicht verstanden zu haben, und
- zum anderen das unbewusste Zurückspringen der Augen zu gerade erst gelesenen Wörtern.

Um diese Angewohnheit abzulegen, nehmen Sie zur Unterstützung der Augen einen spitzen Gegenstand, z.B. einen Bleistift, und führen ihn beim Lesen unterhalb der Zeilen entlang.

SO VERHELFEN SIE IHREN AUGEN ZU EINEM GLEICHMÄSSIGEREN LESEN DES TEXTES UND DAMIT ZU MEHR KONZENTRATION UND AUFMERKSAMKEIT.

Wenn Sie Kindern beim Lesen zuschauen, werden Sie dieses natürliche Verhalten auch beobachten können: Sie benutzen ihre Finger, um beim Lesen auf der Linie zu bleiben. Und auch Erwachsene setzen dieses Verfahren unbewusst ein, wenn sie im Wörterbuch oder Telefonbuch nach einem Eintrag suchen.

Wenn Sie Ihr Auge darin trainiert haben, nicht mehr zu schon aufgenommenen Textteilen zurückzuspringen, geht es im nächsten Schritt darum, die so genannten Fixierungen zu verringern: Das Auge hat die Angewohnheit, sich von Halte-

Die Zahl der Fixierungen verringern

punkt zu Haltepunkt durch den Text zu hangeln und nicht flie-
ßend darüber zu wandern. Bei ungeübten Lesern kann ein
einziges Wort sogar mehrere Augenbewegungen erfordern.

Das Auge kann ganze
Wortgruppen aufnehmen

Diese Haltepunkte sollen verringert werden: Das Auge kann
ganze Wortgruppen aufzunehmen, die auch dann vom Gehirn
verarbeitet werden, wenn man sich dessen nicht bewusst ist.

STEIGERN SIE IHRE LESEGESCHWINDIGKEIT, INDEM SIE MEH-
RERE WORTE – WENN MÖGLICH MEHRERE ZEILEN – GLEICH-
ZEITIG AUFNEHMEN.

Das mag zwar schwierig klingen, aber es ist mit fleißigem und
vor allem regelmäßigem Training durchaus realisierbar.

Tipp 40 Lesen Sie mit der Methode des Photo Reading®!

Aufnahme von
Texten als Bild

Beim Photo Reading geht es um die Aufnahme von Texten als
Bild. Entwickelt wurde diese Methode von Paul R. Scheele vor
dem Hintergrund der Wirkungsweise des Unterbewusstseins.

Im ersten Schritt geht es darum, sich mit dem Aufbau des
Textmaterials vertraut zu machen, um einen Überblick zu bekommen. Im zweiten Schritt sehen Sie sich den Text seitenwei-
se an, ohne ihn mit den Augen zu fixieren. Hier kommt das
Unterbewusstsein zum Einsatz: Es nimmt den Text als Ganzes
auf und verarbeitet ihn. Wenn Sie den Text so durchgearbeitet
haben, machen Sie am besten eine Pause, damit Ihr Unterbewusstsein die Informationen verarbeiten kann.

Anschließend folgt die Aktivierungsphase, in der die wesentlichen Inhalte des aufgenommenen Lesematerials in das
Bewusstsein transportiert werden. Dies geschieht in Form
zwei weiterer Lesedurchgänge, bei denen der Text auf verschiedene Weise nochmals bearbeitet wird. Ratsam ist es,
einen weiteren Lesedurchgang mit grafischen Methoden zu
begleiten, etwa mit der Erstellung einer Mindmap (▶▶ TIPP 91
BIS 96). So unterstützen Sie das Gehirn bei der Aktivierung.

Aufgrund der hohen Lesegeschwindigkeit, die man dank
Photo Reading erreichen kann, werden 25.000 Wörter und
mehr pro Minute in das Gehirn transportiert. Photo Reading
eignet sich daher nicht für jeden Lesestoff; außergewöhnlich
komplexe Texte eignen sich für diese Methode eher nicht.

Teil VII WIE SIE ENTSPANNEN UND DADURCH IHRE LERNLEISTUNG ERHÖHEN

Diesen Teil sollten Sie lesen, wenn Sie mehr darüber erfahren möchten, wie Sie über die üblichen Pausen hinaus gezielt entspannen können, das heißt, wie Sie Erholung und Abstand vom Lernstress finden, sodass sich das Gehirn und der gesamte Körper regenerieren können.

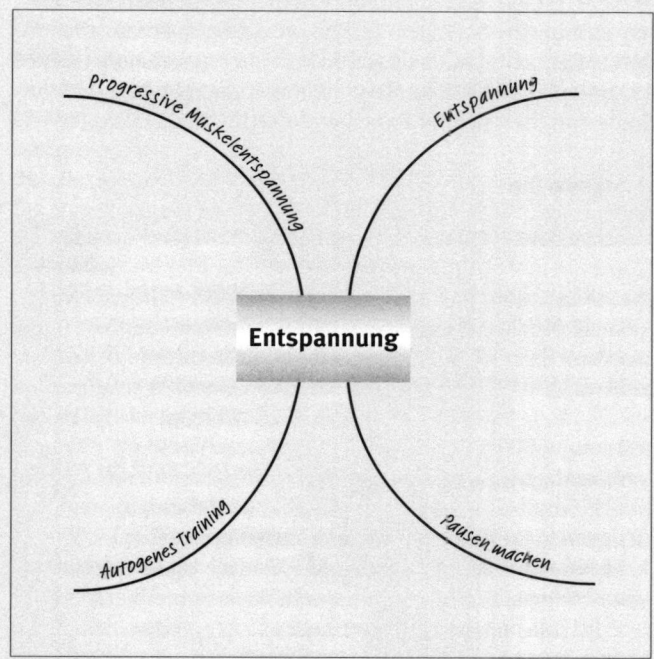

Abb. 7: Entspannung

41 Entspannen Sie sich!

Im entspannten Zustand ist das Gehirn besonders aufnahmefähig

Entspannung ist der optimale Ausgangspunkt zum Lernen, denn im entspannten Zustand ist das Gehirn besonders aufnahmefähig.

Natürlich bedeutet Lernen harte Arbeit und viel Fleiß. Aber nur eine gesunde Mischung zwischen Arbeit und Entspannung führt zum Erfolg. Deshalb ist es so wichtig, ab und zu in regelmäßigen Abständen eine Pause einzuschieben. Manch einer entspannt beim Spazierengehen, ein anderer beim Musikhören. Es gibt eine Reihe von Techniken, die Entspannung besonders zielgerichtet erreichen, z.B. das autogene Training (▶ **TIPP 43**) und die progressive Muskelentspannung (▶ **TIPP 44**). Außerdem eignen sich für Zwischendurch folgende Übungen:

Atemübung

Atmen Sie fünf Sekunden lang tief durch die Nase ein und danach fünf Sekunden pfeifend durch den Mund aus. Dabei sollte sich Ihre Bauchdecke heben und senken. Legen Sie zur Kontrolle Ihre Hände auf den Bauch, dadurch können Sie die Bewegungen besser wahrnehmen. Führen Sie fünf bis zehn Wiederholungen im Stehen oder Liegen durch.

Tiefenmuskelentspannung

Spannen Sie nacheinander jede Muskelgruppe des Körpers an und zählen Sie bis fünf. Danach entspannen Sie und zählen bis zehn.

Wichtig dabei ist, auf den Unterschied zwischen der Anspannung und der Entspannung zu achten. Am besten, Sie beginnen mit Ihren Händen, indem Sie Ihre dominante Hand (bei Rechtshändern rechts) zur Faust formen und dann wieder entspannen. Anschließend drücken Sie beispielsweise zehn Sekunden lang die Zunge gegen den Gaumen, lassen dann wieder los und nehmen das Entspannungsgefühl bewusst wahr.

So verfahren Sie nacheinander mit allen Muskeln Ihres Körpers.

Tipp 42 Machen Sie Pausen!

Nehmen Sie diese Aufforderung ruhig wörtlich. Sie können nicht permanent aktiv und konzentriert lernen. Nehmen Sie Anzeichen wie Müdigkeit und häufiges Gähnen wahr und ernst und folgen Sie dem natürlichen Wunsch Ihres Körpers nach Entspannung.

Auf den Körper hören

Das beste Entspannungs-Beispiel ist der Schlaf-Wach-Rhythmus: Nach einem anstrengenden Tag verspüren Sie am Abend den Drang nach Ruhe bis in die Morgenstunden. Hier schaltet Ihr Körper völlig ab, bringt das natürliche Gleichgewicht zwischen Körper und Seele wieder in Einklang und sammelt neue Kraft für den nächsten Tag.

Guter Schlaf macht viel aus – das sollten Sie nicht missachten. Machen Sie es sich gemütlich und vor allem bequem, denn nur dann können Sie richtig entspannen. Sorgen Sie für die richtige Temperatur und gute Belüftung. Sollten Sie einen leichten Schlaf haben oder Probleme beim Einschlafen, schaffen Sie Abhilfe mit Ohrstöpseln und alten Hausmitteln wie einer Tasse warme Milch oder Baldrian. Technische Geräte haben im Schlafbereich nichts verloren, sie können den Schlaf unterbrechen. Wenn das alles nichts hilft, versuchen Sie mit gezielten Techniken zu entspannen (▶▶ **TIPP 43, 44**).

Guter Schlaf macht viel aus

EBENSO WIE DER KÖRPER NACH EINEM LANGEN TAG NACH SCHLAF VERLANGT, BRAUCHT DER GEIST NACH SPÄTESTENS 120 MINUTEN KONZENTRIERTER ARBEIT EINE REGENERATIONSZEIT.

Diesem Bedürfnis wird in der heutigen Zeit viel zu wenig Beachtung geschenkt. Eine genaue Formel, wann Sie eine Pause einlegen sollten, gibt es nicht, doch wenn Sie nur auf Ihren Körper hören, wird er Ihnen vieles verraten und Ihnen signalisieren, wann eine Pause nötig ist. Achten Sie vor allem auf folgende Signale:

So bittet der Körper um eine Pause

- Das Verlangen sich zu recken oder die Muskeln zu entspannen,
- Gähnen oder Seufzen, Abgespanntheit,
- das Verlangen nach Nahrung oder etwas Süßem,
- Abschweifen der Gedanken, Unaufmerksamkeit.

Gönnen Sie sich eine Erholungspause, wenn Sie diese Anzeichen bemerken. Ignorieren bringt nichts, jedenfalls nicht auf Dauer. Denn wenn Sie nicht auf Ihren Körper hören und einfach weiter arbeiten, schüttet er Botenstoffe aus, um Ihr Leistungsniveau stabil halten zu können. Auf lange Sicht reagiert der Körper dann mit Stress-Symptomen, baut allmählich ab und verliert an Leistungsfähigkeit.

Ruhephasen sind ein wichtiger Bestandteil des Lernprogramms

MACHEN SIE SICH DAS KLAR UND BETRACHTEN SIE IHRE RUHEPHASEN ALS WICHTIGEN BESTANDTEIL IHRES LERNPROGRAMMS.

Möglicherweise müssen Sie erst lernen, Pausen zu machen und bewusst neue Kraft zu schöpfen. Aber geben Sie nicht auf: Die Pausen dienen der Erholung und sollen entsprechend gestaltet werden – also keine zusätzliche Arbeit, sondern Genuss, Freude und Ruhe für Ihren Geist stehen auf dem Programm.

Gehen Sie beispielsweise 20 Minuten an die frische Luft, atmen Sie tief durch. Legen Sie sich auf die Parkbank, schließen Sie die Augen und lassen Sie den Gedanken freien Lauf. Sie werden merken, wie schwer Ihre Arme werden, die den ganzen Tag mit der Tastatur am Computer beschäftigt waren. Sie werden tiefer atmen und sich entspannen. Gönnen Sie Ihrem Unterbewusstsein, das Erlernte und Erlebte zu verarbeiten und einzuordnen. Auch Tagträumen hilft dabei.

Jetzt sind Sie voller Energie und geistiger Kraft und können wieder frisch ans Werk gehen. Sie werden den Unterschied merken. Gerade die Pausen bringen den Erfolg, auch wenn man genau das Gegenteil annimmt.

Tipp 43 Entspannen Sie durch autogenes Training!

Autogenes Training ist eine der bekanntesten Entspannungstechniken. Entwickelt vom Berliner Nervenarzt Johannes H. Schultz, ist sie so einfach zu handhaben, dass sogar Kinder diese Technik erlernen können. Ziel des autogenen Trainings ist es, mithilfe von Selbsthypnose Einfluss auf die körperlichen Prozesse zu nehmen.

Durch Selbsthypnose die körperlichen Prozesse beeinflussen

Beim autogenen Training unterscheidet man zwischen Grund- und Oberstufe.

Die Grundstufe dient vor allem der Entspannung. Sie soll für Schwere und Wärme in den Gliedmaßen, eine ruhige Atmung und einen ruhigen Pulsschlag sorgen und umfasst folgende sechs Bausteine mit den dazugehörigen Formulierungen zur Autosuggestion (vgl. www.lernen-heute.de):

Beim autogenen Training unterscheidet man zwischen Grund- und Oberstufe

---

Autogenes Training: Grundstufe   **INFORMATION**

- Schwereübung
  „Arme und Beine sind ganz schwer."
- Wärmeübung
  „Arme und Beine sind ganz warm."
- Atemübung
  „Die Atmung ist ruhig und regelmäßig; es atmet mich."
- Herzübung
  „Der Puls ist ruhig und regelmäßig."
- Sonnengeflechtsübung
  „Das Sonnengeflecht ist strömend warm."
- Stirnkühleübung
  „Die Stirn ist kühl."

Durch den Einsatz dieser Formeln erreicht man in verschiedenen Körperteilen einen Entspannungszustand. Als Erstes begeben Sie sich in einen Schwerezustand, bei dem Sie mithilfe von imaginären Bildern Arme und Beine schwer werden lassen, zum Beispiel indem Sie sich vorstellen, sie würden durch Gewichte beschwert. Analog verfahren Sie bei den anderen Übungen, bis Sie den gewünschten Entspannungszustand erreicht haben. Ingesamt sollten Sie für die Anwendung dieser Stufe gute zehn Minuten einplanen.

Nach Vollendung aller sechs Bausteine der Grundstufe können Sie zur Oberstufe übergehen. Hier werden Sie lernen, erweiterte Vorstellungen und Formeln einzusetzen. In der Oberstufe geht es um vertiefte Selbsterkenntnis und um die Problemlösung mittels Suggestion, wobei die Ursache des Problems keine Rolle spielt. Für viele Zwecke reicht die Grundstufe allerdings schon aus.

In der Oberstufe geht es um vertiefte Selbsterkenntnis

DURCH REGELMÄSSIGES, IDEALERWEISE TÄGLICHES TRAI-
NING ERZIELEN SIE DIE BESTEN ERGEBNISSE: ES BEFREIT SIE
VOM STRESS UND ENTSPANNT DAS NERVENSYSTEM.

Autogenes Training zu
Hause oder in Kursen

Um sich mit der Technik des autogenen Trainings vertraut zu machen, empfiehlt es sich, einen entsprechenden Tonträger im Handel zu erwerben, auf dem Anleitungen zur Umsetzung gegeben werden. Zum erweiterten Erlernen empfiehlt sich dann ein Kursbesuch, bei dem auf individuelle Schwierigkeiten eingegangen werden kann. Derartige Kurse werden beispielsweise an Volkshochschulen angeboten. Aufgrund der positiven Auswirkungen des autogenen Trainings bieten auch einige Krankenkassen entsprechende Kurse an. Machen Sie also den ersten Schritt!

Beginnen Sie so früh wie möglich, erste Grundlagen des autogenen Trainings zu erlernen. So fällt es Ihnen nicht nur leichter zu entspannen, sondern Sie vermeiden gleichzeitig in vielen Fällen negativen Stress und daraus resultierende Erkrankungen. Und wie immer gilt auch hier die Devise: regelmäßig, wenn möglich täglich üben (vgl. www.lernen-heute.de).

44 Nutzen Sie die Technik der progressiven Muskelentspannung!

Die Technik der progressiven Muskelentspannung wurde in den 1920er-Jahren von dem US-amerikanischen Arzt und Physiologen Edmund Jacobson entwickelt.

Bewusste An- und
Entspannung der
Muskelgruppen

Man versteht darunter die bewusste und stufenweise Anspannung und anschließende Entspannung und Lockerung verschiedener Muskelgruppen. Das Ziel ist, die Körperwahrnehmung so zu verbessern, dass die Muskelspannung unter das normale Niveau sinkt. Durch Übung kann man lernen, diesen Zustand willentlich herbeizuführen.

DURCH MUSKELENTSPANNUNG KÖNNEN VERSPANNUNGEN
GELÖST WERDEN. AUSSERDEM LASSEN SICH ANDERE ZEI-
CHEN VON UNRUHE (HERZRASEN, ZITTERN) REDUZIEREN.

Im Durchschnitt dauern die Übungen etwa 30 Minuten; wenn man mit den Übungen vertraut ist, kann man auch mehrere Muskelgruppen gleichzeitig entspannen.

Wie auch für das autogene Training (▶ **Tipp 43**) kann man progressive Muskelentspannung per CD oder in Form von Kursen erlernen und anwenden.

Wenn Sie erste Schritte zu Hause ausprobieren möchten, folgen Sie den nachfolgenden Übungsanweisungen. Um das Lesen der Anweisungen während der Übungen zu umgehen, sprechen Sie den Text vorab auf ein Band und spielen Sie es dann ab. Lassen Sie beim Besprechen des Bandes genügend Pausen, um die Übungen effektiv durchzuführen.

Sorgen Sie dafür, dass Sie beim Durchführen der Übung nicht gestört werden und dass Sie nicht durch Kleidungsstücke eingeengt werden. Im Raum sollte eine angenehme Temperatur herrschen. Ob Sie während der Übung die Augen offen oder geschlossen halten, ist Ihnen freigestellt. Den meisten Menschen fällt die Übung jedoch mit geschlossenen Augen leichter.

Die Durchführung der Übung erfordert Ruhe und eine angenehme Atmosphäre

Anleitung: Progressive Muskelentspannung

Legen Sie sich bequem auf den Rücken und schließen Sie die Augen. Atmen Sie tief und ruhig.

Arme

Konzentrieren Sie sich nun auf den rechten Unterarm und die rechte Hand. Ballen Sie die Hand langsam zur Faust. Spüren Sie dabei die Spannung in den Muskeln der rechten Hand. Spannen Sie die Muskeln immer stärker an und halten Sie die Spannung einige Sekunden lang. Öffnen Sie die Hand wieder und lassen Sie sie langsam zurück auf den Boden sinken. Spüren Sie, wie die Spannung aus der Hand verschwindet.

Konzentrieren Sie sich nun auf den linken Unterarm und die linke Hand. Ballen Sie die Hand langsam zur Faust und spannen Sie den Unterarm mit an. Spannen Sie die Muskeln immer stärker an und halten Sie die Spannung einige Sekunden lang. Dann lassen Sie wieder los, öffnen die Hand und lassen sie locker zurück auf der Boden sinken. Spüren Sie, wie die Spannung aus der Hand verschwindet, und genießen Sie das Gefühl.

Konzentrieren Sie sich auf den ganzen rechten Arm und die rechte Hand. Ballen Sie langsam die Hand zur Faust und spannen Sie den ganzen Arm an. Spannen Sie die Muskeln immer stärker an und halten Sie die Spannung einige Sekunden lang. Entspannen Sie Hand und Arm wieder und genießen Sie das Gefühl, das sich im Arm ausbreitet.

Ballen Sie jetzt die linke Hand zur Faust und spannen Sie den ganzen Arm an. Spannen Sie die Muskeln immer stärker an und halten Sie die Spannung einige Sekunden lang. Entspannen Sie den Arm dann wieder und fühlen Sie die Spannung aus dem Arm weichen.

Gesicht

Konzentrieren Sie sich nun auf Ihr Gesicht. Spannen Sie alle Gesichtsmuskeln an: Kneifen Sie die Augen zusammen, runzeln Sie die Stirn, ziehen Sie die Mundwinkel nach oben und beißen Sie die Zähne fest aufeinander. Halten Sie die Spannung einige Sekunden lang. Entspannen Sie die Gesichtsmuskeln dann wieder und genießen Sie diese Entspannung. Wiederholen Sie diesen Teil der Übung.

Rücken und Nacken

Ihre Aufmerksamkeit gehört jetzt den Nacken- und Rückenmuskeln. Ziehen Sie die Schulterblätter zusammen, beugen Sie den Kopf nach vorn und pressen Sie den ganzen Körper auf den Boden. Spannen Sie die Muskeln noch etwas stärker an und halten Sie die Spannung einige Sekunden lang. Entspannen Sie die Muskeln dann wieder und genießen Sie das Gefühl der Entspannung, das sich über Ihre Nacken- und Rückenmuskeln legt. Wiederholen Sie auch diesen Teil der Übung.

Atem

Atmen Sie nun tief ein, noch tiefer, und noch ein Stückchen tiefer. Halten Sie für einen Moment die Luft an. Atmen Sie dann wieder aus und versuchen Sie dabei, alle Luft aus sich herausströmen zu lassen. Atmen Sie nochmals tief ein, noch tiefer und noch etwas tiefer. Halten Sie den Atem wieder an und atmen Sie wieder aus. Ihr Atem fließt nun ruhig und gleichmäßig.

Beine

Konzentrieren Sie sich jetzt auf das rechte Bein und den rechten Fuß. Strecken Sie das Bein und spannen Sie die Beinmuskeln an. Halten Sie die Spannung einige Sekunden lang. Entspannen Sie das Bein wieder und spüren Sie, wie die Anspannung aus dem Bein verschwindet. Wiederholen Sie diesen Teil der Übung.

Konzentrieren Sie sich jetzt auf das linke Bein und den linken Fuß. Strecken Sie das Bein und spannen Sie die Beinmuskeln an. Halten Sie die Spannung einige Sekunden lang. Entspannen Sie das Bein wieder und spüren Sie, wie die Anspannung aus dem Bein verschwindet. Wiederholen Sie auch diesen Teil der Übung.

Abschluss

Zum Abschluss entspannen Sie alle Muskelgruppen, sodass auch die letzte Anspannung restlos verschwindet. Genießen Sie den Entspannungszustand einige Minuten lang. Wenn Sie die Übung dann beenden, strecken und räkeln Sie sich und kommen Sie langsam zurück in die Gegenwart.

(Vgl. www.lernen-heute.de/progressive_muskelentspannung.html)

Teil VIII WELCHEN EINFLUSS NAHRUNGSMITTEL AUF DIE LEISTUNGSFÄHIGKEIT HABEN

Diesen Teil sollten Sie lesen, wenn Sie mehr über eine optimale Aufnahme von Nährstoffen zur Beeinflussung der Gehirnleistung erfahren möchten und wenn Sie wissen möchten, welche Auswirkungen die verschiedenen Nähr- oder Botenstoffe auf das Gehirn haben. Botenstoffe sind nötig, um Informationen in unserem Gehirn weiterzuleiten.

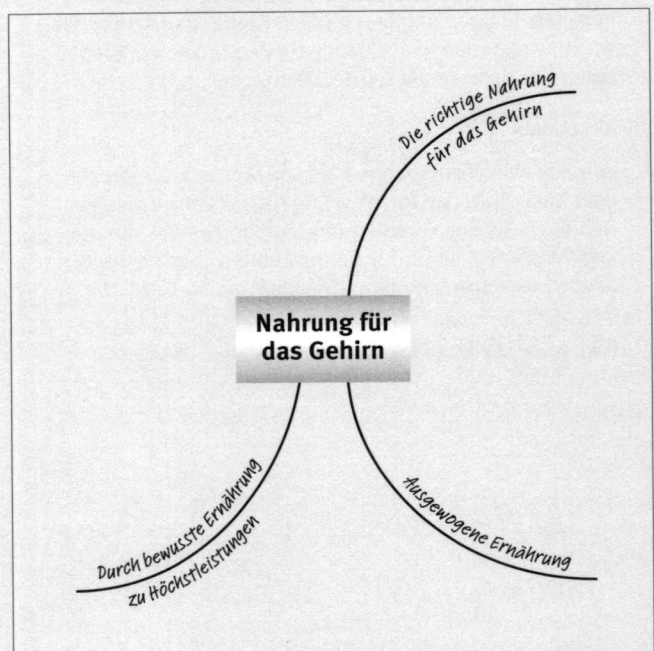

Abb. 8: Nahrung für das Gehirn

Tipp 45 Versorgen Sie Ihr Gehirn mit der richtigen Nahrung!

Die Ernährung hat unmittelbaren Einfluss auf unser Befinden. Geist und Seele können sich nur dann frei entfalten, wenn dem Körper die notwendigen Nährstoffe verabreicht werden. Von besonderer Bedeutung sind othomolekulare Nährstoffe wie Vitamine, Aminosäuren, Mineralstoffe, ungesättigte Fettsäuren und Spurenelemente.

Es ist dabei nicht unwichtig, wann eine Aufnahme von Nährstoffen erfolgt, um einen optimalen Effekt zu erzielen:

Wichtig: der richtige Zeitpunkt der Aufnahme von Nährstoffen

- Eiweiße sollte man prinzipiell am Morgen und nicht abends einnehmen. Sie wirken stoffwechselaktivierend und können somit die Regenerierung am Abend beeinträchtigen.
- Ein morgendlicher Vitamin-C-Stoß mit einem Glas Orangen- oder Zitronensaft steigert die Vitalität. Eine erst am Abend zu sich genommene Zitrusfrucht kann hingegen aufputschend wirken und zu Einschlafstörungen führen.
- Des Weiteren wurde die wissenschaftliche Aussage, ein morgendliches Müsli habe eine vitalisierende Wirkung, widerlegt. Denn Müsli unterstützt vielmehr die Regenerierung des Körpers, wie Erfahrungen bestätigten, und sollte deshalb eher am Abend eingenommen werden.

Trotz des reichhaltigen Nahrungsmittelangebotes sind wir, wie es scheint, mangelernährt. Untersuchungen ergaben, dass es uns an Vitamin B1, Folsäure, Vitamin B6, Pantothensäure und Niacin, Stoffen des Vitamin-B-Komplexes sowie Magnesium mangelt.

BEI DER ERNÄHRUNG IST DARUM AUF EINE AUSREICHENDE VERSORGUNG MIT DIESEN STOFFEN ZU ACHTEN, UND ZWAR UNTER BERÜCKSICHTIGUNG DES BIORHYTHMUS.

Auswirkungen können unter anderem eine Veränderung des Sozialverhaltens und der seelischen Verfassung, eine Steigerung der Kreativität und ausgeglichene Stimmung sein.

Hier finden Sie ein schönes Beispiel dafür, wie die Wissenschaft unser Leben beeinflusst und uns vermitteln will, wie wir unser Gehirn optimal „füttern" können:

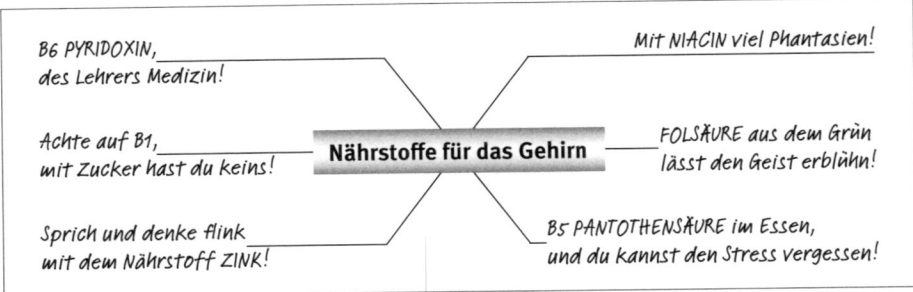

Abb. 9: *Nährstoffe für das Gehirn (vgl. DGSL, Conrady, Haun-Just, von der Meden-Saiger 1993, S. 164)*

Bei der Anwendung einer gehirngerechten Nahrung kommt es selbstverständlich auch auf die Lebensweise jedes Individuums und auf seinen individuellen Körperprozess an.

Bewusstsein für gehirngerechte Nahrung entwickeln

Es genügt nicht, sich streng nur von Nahrungsmitteln zu ernähren, die die genannten Nährstoffe enthalten. Vielmehr muss ein neues Bewusstsein für eine gehirngerechte Nahrung und die Beeinflussung des Gehirns entwickelt werden.

Tipp 46 Finden Sie heraus, wie Sie sich ausgewogen ernähren!

Welche Nährstoffe oder Botenstoffe auf welche Funktion im Gehirn Auswirkungen haben, erfahren Sie auf den folgenden Seiten, auf denen ein kleines Lexikon für Sie zusammengestellt ist.

Nährstoffe beeinflussen sich gegenseitig

Bei der Umsetzung dieser Informationen über die Wirkung von Nährstoffen kommt es auf die richtige Mischung an, denn die eingenommenen Nährstoffe beeinflussen sich gegenseitig (verstärkend oder hemmend). Beispielsweise ist die optimale Einnahme von Pantothensäure abhängig davon, mit wie viel Vitamin B6 und Zink der Körper angereichert ist. Andererseits braucht Zink eine gewisse Menge Vitamin D, um aufgenommen zu werden. Nimmt man wiederum zu viel Pantothensäure zu sich, steigt auch der Bedarf an Niacin.

Liegt ein Mangel an notwendigen Nährstoffen vor, macht er sich äußerlich sichtbar. Die nachfolgende Grafik zeigt Ihnen am Beispiel der Hand, bei welchen Symptomen Sie unter einem Mangel an bestimmten wichtigen Vitaminen leiden.

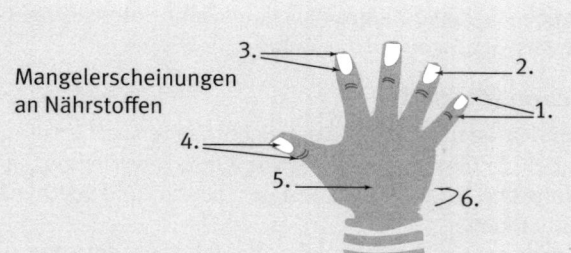

Mangelerscheinungen
an Nährstoffen

1. Folsäure

- Aufreißen der Beugefalten in Finger- und Zehengelenken
- Raue, rissige Fingerkuppen
- Schreibkrämpfe und unleserliche Schrift

2. Zink

- Weiße Flecken auf den Nägeln

3. Thiamin

- Seitliche Verhornung der Nagelbetten, Nietnägel und Hautfetzen, taube Fingerkuppen
- Seitliches Absplittern der Nägel
- Nägelkauen wegen psychischer Störungen

4. Niacin

- Nägel blättern in Schichten ab
- Bräunliche Verfärbung der Fingergelenke

5. Pantothensäure

- Trockene Haut, besonders am Handrücken, kalte Hände
- Beißendes Hautjucken nach Wasserkontakt

6. Pyridoxin

- Trockene, rissige Hände, besonders Handinnenfläche
- Geschwollene Fingergelenke

Abb. 10: Mangelerscheinungen an Nährstoffen (vgl. DGSL, Conrady, Haun-Just, von der Meden-Saiger 1993, S.162–167)

Kommen wir nun zu einzelnen Nähr- oder Botenstoffen und ihren Auswirkungen auf das Gehirn.

Pyridoxin (Vitamin B6)

Hülsenfrüchte, Linsen, Naturreis und anderes Getreide

Vitamin B6 ist überwiegend in Hülsenfrüchten und Linsen vorzufinden. Es führt zu seelischem Einfühlungsvermögen, innerer Ruhe und Gelassenheit, sozialer Toleranz und psychischer Belastbarkeit.

Interessant ist darüber hinaus die Tatsache, dass das auch in Naturreis und anderem Getreide enthaltene Vitamin intelligenzsteigernd wirkt. Es bringt außerdem Traumerinnerungen zurück, sodass wir wissen, über was sich unser Gehirn in der Nacht den Kopf zerbrochen hat.

Ein Mangel an Pyridoxin kann seelische Starre, Intoleranz, Rechthaberei, Verlust von „Herzenswärme" und zu aggressives und destruktives Verhalten zur Folge haben. Wenn dem Körper zu wenig Vitamin B6 zur Verfügung steht, kann das außerdem zu Lärmempfindlichkeit bei besonders hohen und schrillen Tönen (z.B. Kinderstimmen), zu Kopfschmerzen und Migräne sowie zu depressiven Verstimmungen und Schlafstörungen führen.

Personen, die unter Stress stehen, die Anti-Baby-Pille nehmen und häufig Kaffee, Alkohol oder eiweißhaltige Nahrung zu sich nehmen, ist eine erhöhte Dosis Pyridoxin zu empfehlen.

> **Ob Sie unter Vitamin-B6-Mangel leiden, können Sie mit diesem kleinen Test herausfinden**
>
> Bilden Sie mit Ihrer Hand eine Faust, sodass Sie mit allen Fingern den Handballen berühren. Bereitet Ihnen das Probleme, sollten Pyridoxin-haltige Nahrungsmittel ganz oben auf Ihrer Einkaufsliste stehen.

Thiamin (Vitamin B1)

Leiden Sie unter Konzentrationsstörung aufgrund von Gedankenflut, einem schlechten Kurzzeitgedächtnis, Begriffsstutzigkeit, Reizbarkeit, Angstzuständen und launischem Verhalten?

Vollkornprodukte, Hülsenfrüchte und Bierhefe

Dann wird es Zeit, Ihrem Körper ausreichend Vollkornprodukte, Hülsenfrüchte und Bierhefe zuzuführen. Auf Alkohol, Zucker und Weißmehl sollten Sie hingegen weitgehend verzichten, denn sie sind die Killer des Thiamin-Stoffes.

Vitamin B1 ist verantwortlich für die Entwicklung Ihrer intellektuellen Leistungsfähigkeit, Ihrer vielseitigen Interessen, Ihres gegenwartsbezogenen Denkens und Handelns und Ihrer schnellen Auffassungsgabe.

Niacin (Vitamin B3)

Möchten Sie auch mal wieder in blühender Phantasie schwelgen, von Ideenreichtum überschüttet werden, sich voller Humor in Geselligkeit amüsieren, aber sich auch gut selbst beschäftigen können?

Dann führen Sie Ihrem Körper das Vitamin B3 zu. Es ist unter anderem vorzufinden in roter Paprika, Avocados und rohen Champignons.

Paprika, Avocado, Champignons

Verfügt der Körper über zu wenig Niacin, so können Mangelanzeichen wie Neidverhalten, Misstrauen, Furchtsamkeit, gesteigerte Reizbarkeit bis hin zu unkontrollierten Wutausbrüchen und das Suchen der Schuld bei anderen beobachtet werden. Die nachmittäglich gesteigerte Unruhe und Quengelei bei Kleinkindern zum Beispiel ist ebenfalls oft auf einen Mangel an Niacin zurückzuführen.

Anzeichen von Einschlafstörungen, Kopfschmerzen, Seh- und Koordinationsproblemen sind durch eine ausreichende Versorgung mit Zuckermais, Thunfisch oder Lachs schnell wieder in den Griff zu bekommen.

Pantothensäure (Vitamin B5)

Vitamin B5 ist der Wirkstoff, der unser logisch-intellektuelles Leistungs- und Beurteilungsvermögen sowie die Konzentrationsfähigkeit fördert. Es stärkt außerdem das Durchsetzungsvermögen und die Belastbarkeit – Eigenschaften, die in der heutigen Berufswelt überlebenswichtig sind.

Zu wenig Pantothensäure kann emotionale Labilität (Stimmungsschwankungen, Empfindlichkeit und Rührseligkeit), unlogisches Verhalten, Rückzug vor Problemen, mangelnde Verantwortungsbereitschaft und auch Durchschlafstörungen hervorrufen. Auch Schwierigkeiten beim Lösen von Mathematikaufgaben wurden bei Personen mit Vitamin-B5-Mangel beobachtet.

Alldem können Sie entgegenwirken, indem Sie Haferflocken, weiße Bohnen oder andere Hülsenfrüchte wie beispielsweise Linsen zu sich nehmen.

Haferflocken, weiße Bohnen und andere Hülsenfrüchte

Folsäure

Bemerken Sie auch manchmal an sich, dass Sie Dinge vergessen, die Sie gerade noch jemanden mitteilen wollten, weil Sie einfach nicht auf das richtige Wort kommen? Oder haben Sie Angst davor, neue Leute kennen zu lernen, und verfallen Sie gelegentlich in Depressionen, weil Sie kein Licht am Ende des Tunnels sehen? Fällt es Ihnen schwer, sich zu konzentrieren und etwas zu koordinieren? Plagen Sie hin und wieder Schreibkrämpfe, große Müdigkeit und allgemeine Schwäche, ein Gefühl der Erschöpfung?

Folsäure, ein Vitamin des B-Komplexes, hilft Ihnen, dagegen anzukämpfen. Es verbessert Ihre Leistungsfähigkeit, Ihr positives und zukunftsorientiertes Denken und erleichtert Ihnen den Kontakt zu neuen Menschen.

Blattsalate, Wirsing, grüne Bohnen, Geflügelfleisch

Sie finden Folsäure besonders gehaltvoll in dunkelgrünen, dickfleischigen Blattsalaten wie Spinat, Römersalat und Mangold, ebenso in Wirsing, grünen Bohnen und im Fleisch jungen Geflügels.

Einen besonders hohen Bedarf an Folsäure haben Personen, die rauchen, unter Stress stehen, große Mengen tierisches Eiweiß, Alkohol, Schlaf- und Beruhigungsmittel und Östrogene zu sich nehmen.

Zink

Zu guter Letzt betrachten wir den Nährstoff Zink. Er fördert, wie auch Pantothensäure, das Durchsetzungsvermögen, die Art, wie man eine eigene Meinung vertritt. Weiterhin beeinflusst es das logisch-rationale Denken, die Verantwortungsbereitschaft und Rhetorik.

Ein Mangel an Zink macht sich durch emotionale Labilität, Konzentrationsstörungen, Wortfindungsstörungen und ein schlechtes Namensgedächtnis bemerkbar. Andere Symptome sind Probleme beim Lösen technisch-mathematischer Aufgaben, beim Analysieren und Strukturieren. Auch auftretende Sehstörungen und das Zucken der Glieder vor dem Einschlafen deuten auf einen Mangel an Zink hin.

Hülsenfrüchte, Getreide, Gemüse

Der Stoff Zink wirkt den genannten Mängeln entgegen. Er ist in Hülsenfrüchten enthalten, etwa in weißen Bohnen, Linsen und Kichererbsen. Auch in Gerste, Haferflocken und Gemüse wie Zucchini, Aubergine, Maisgrieß und Blumenkohl sind Spuren von Zink zu finden.

Tipp 47 — Bringen Sie Ihr Gehirn durch bewusste Ernährung zu Höchstleistungen!

Intelligenz soll man sich also anessen können und dabei die geistige Leistung, Konzentration und Gedächtniskraft verbessern. Wäre zu schön um wahr zu sein, werden Sie jetzt denken. Doch weit gefehlt:

> *ERST EIN VIELSEITIG STIMULIERTES GEHIRN KANN SEINE KAPAZITÄT VOLL AUSSCHÖPFEN, UND DAZU GEHÖREN AUCH NAHRUNGSMITTEL.*

Die Hauptenergiequellen unseres Gehirns sind Kohlenhydrate, Sauerstoff und spezielle Fette, die auf Ihrer Speisekarte nicht fehlen dürfen. Damit unser Gehirn richtig in Schwung kommt, benötigen wir auch Aminosäuren und ein richtiges Verhältnis aus Vitaminen und Mineralstoffen, vor allem Eisen, Zink, Magnesium und Kalzium.

Hauptenergiequellen des Gehirns: Kohlenhydrate, Sauerstoff und spezielle Fette

Aber auch zu wenig Sauerstoff mindert die Gehirnleistung. Ist man sportlich aktiv, das Blut in Bewegung, gelangt mehr Sauerstoff in das Gehirn, es wird also angeregt. Besondere Achtsamkeit ist in dieser Hinsicht bei Rauchern geboten, denn ihnen stiehlt das in der Zigarette enthaltene Nikotin sehr viel Sauerstoff, da es die Zufuhr blockiert. Computerhockern, die um jeden Preis körperliche Anstrengungen vermeiden, helfen Atemübungen und ausreichend eisenhaltige Lebensmittel zum Erhalten geistiger Fähigkeiten.

Bewegung

Mit diesen Nahrungsmitteln optimieren Sie die Leistung Ihres Gehirns: — **PRAXIS**

Getreide und Hülsenfrüchte

Auf der Liste der intelligenzfördernden Nahrungsmittel stehen Hafer, Dinkel und andere Vollgetreide sowie Hirse und Hülsenfrüchte wie Kichererbsen und Sojabohnen.

Obst und Gemüse

Unter den Obst- und Gemüsesorten sind besonders Feigen, Grapefruits, Johannisbeeren und Paprika Fitmacher für das Gehirn.

Kohlenhydrate

Nüsse, Mandeln, Esskastanien, die Kohlenhydratliefe-
ranten Reis, Kartoffeln und Nudeln sowie verschiedene
Kräuter und Gewürze wirken intelligenzsteigernd.

Studentenfutter

Die Mischung aus Nüssen und Trockenobst, besser bekannt als Studentenfutter, trägt diesen Namen zu Recht:
Tatsächlich ist es eine Energiebombe, nach deren Genuss
es sich bestens studiert. Ganz im Gegensatz zu Traubenzu-
cker: Er erhöht die Blutzuckerwerte, woraufhin die Bauch-
speicheldrüse Insulin ausschüttet. Die Folge ist vermin-
derte Leistungsfähigkeit, da der Blutzuckerspiegel rapide
absinkt.

Flüssigkeit

Ein weiterer wichtiger Funktionsfaktor für das Gehirn ist,
auch wenn es unwahrscheinlich klingen mag, ausreichend
Flüssigkeit. Denn unser Gehirn besteht zu 70 % aus Wasser und benötigt deshalb ein bis drei Liter Flüssigkeit pro
Tag. Wenn man zu wenig trinkt, wird das Gehirn träge und
die Denkprozesse somit langsamer.

Teil IX — WIE SIE SICH VOLL UND GANZ AUF DAS LERNEN KONZENTRIEREN KÖNNEN

Diesen Teil sollten Sie lesen, wenn Sie mehr darüber erfahren möchten, wie Sie sich optimal auf das Lernen konzentrieren.

Unter Konzentration versteht man die Fokussierung der Aufmerksamkeit auf eine Tätigkeit; jemand, der sich konzentriert, schaltet die Gedanken an andere Dinge völlig ab. Das kann sowohl der Entspannung als auch intensiver Arbeit dienen.

Wie Sie sich leichter konzentrieren können und welche Faktoren Ihre Konzentrationsfähigkeit beeinflussen, erfahren Sie hier.

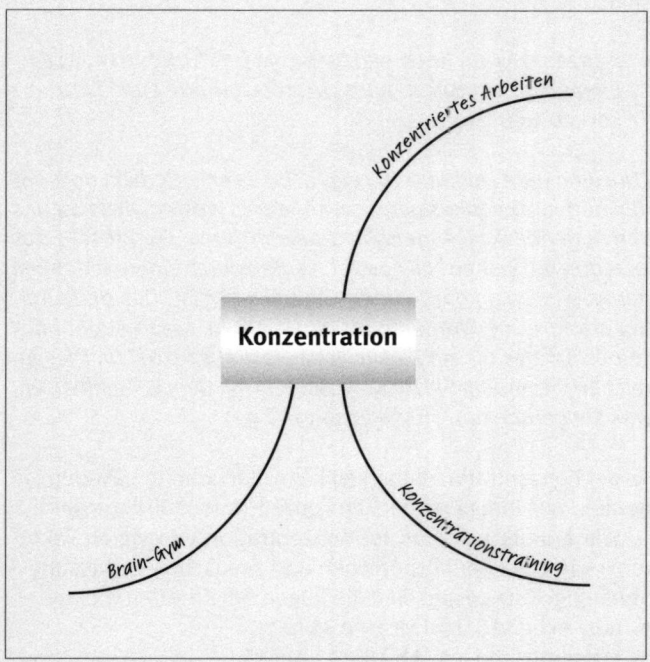

Abb. 11: Konzentration

Tipp

48

GRUNDVORAUSSETZUNGEN FÜR KONZENTRIERTES ARBEITEN

Tipp 48 Beachten Sie die Grundvoraussetzungen für konzentriertes Arbeiten!

Es ist gar nicht immer so einfach, sich zu einem vorgegebenen Zeitpunkt zu konzentrieren. Der Kopf ist möglicherweise voll von umherschwirrenden Gedanken, die Geräuschkulisse ist unerträglich und man findet einfach nicht die richtigen Worte. Aber keine Sorge, das kann man mit ein paar Übungen trainieren. Das Gehirn ist, wie Sie bereits gelernt haben, ein dynamisches Organ, das locker und mit Freude dazulernt.

Im Berufsleben stehen Weiterbildungen, Computerkurse und Seminare oft auch nach der Arbeit auf dem Programm. Das bedeutet Konzentration zu jeder Tageszeit. Außerdem erledigt man in der heutigen Zeit häufig mehrere Dinge gleichzeitig, wobei die Gedanken meist schon bei der nächsten Aufgabe sind.

KONZENTRATION ABER BEDEUTET, IM JETZT UND HIER ALLE ENERGIEN UND SINNE AUSSCHLIESSLICH AUF EINE TÄTIGKEIT ZU RICHTEN.

Die Präsenz des Jetzt darf nicht gestört werden

„Um eine gute Leistung zu zeigen, ist es erforderlich, dass wir den Augenblick fokussieren, mit anderen Worten, dass wir uns von Augenblick zu Augenblick konzentrieren. Die Präsenz des Jetzt darf auf keinen Fall gestört werden durch einen Gedanken daran, was sein könnte oder was gewesen ist. Das bedeutet, der erfolgreiche Wettkämpfer muss lernen, jeden Augenblick seines Spieles als ein Ziel in sich selbst auszukosten. Dies erreichen Sie, indem Sie Ihr Bewusstsein mit dem verschmelzen, was Sie gerade tun." (Decker 1999, S. 97)

Konzentrationsförderer

An der Konzentrationsfähigkeit kann man arbeiten: Finden Sie heraus, was Ihre persönlichen Konzentrationsförderer sind.

Wie bereits bekannt, ist Konzentration von vielen Faktoren – wie etwa der körperlichen und seelischen Verfassung – abhängig. Kurz gesagt sind die folgenden Kriterien wichtig:

- ausreichend Schlaf (▶ **TIPP 34**),
- Erholungsphasen (▶▶ **TIPP 41 BIS 44**),
- abwechslungsreiche Freizeit,
- eine gesunde Ernährung und viel Flüssigkeit (▶▶ **TIPP 45 BIS 47**),
- angenehme Arbeitsumgebung (▶▶ **TIPP 1 BIS 3**).

Daneben gibt es Faktoren, die die Konzentration zusätzlich fördern. Sind Sie ein Morgenmensch, arbeiten Sie vormittags am produktivsten; andere sind nachts leistungsfähiger. Dazu kommt die nicht immer gleiche körperliche und seelische Verfassung. Beachten Sie daher Ihre persönlichen Bedürfnisse.

Faktoren, die die Konzentration zusätzlich fördern

Pausen

Betrügen Sie sich nicht selbst, wenn Sie eine Pause machen. Erledigen Sie in der Pause nichts anderes, sondern sammeln Sie Energie. Pausen sind hilfreiche Konzentrationsförderer. Tun Sie sich den Gefallen, Ihr Körper wird es Ihnen danken.

Interesse

Wissen Sie noch, wie Sie das letzte Mal ein spannendes Projekt geleitet haben? Sie sind einfach nicht mehr davon losgekommen, waren fasziniert und konzentriert bei der Sache – denn Interesse fördert Konzentration. Durch ein bisschen Ehrgeiz gelingt Ihnen das auch in anderen Bereichen. Überspannen Sie aber nicht Ihr Arbeitspensum. Es passiert schnell, dass man den Bezug zur Realität verliert und nur noch in eine Sache vertieft ist. Gehen Sie lieber in kleinen Schritten vor, dann behalten Sie auch das Interesse an der Sache.

Abwechslung

Eine weitere Methode, die Konzentration aufrecht zu erhalten, ist die Abwechslung von Arbeitsmethoden. Sie bringt immer wieder neue Herausforderungen, die Informationen zu bearbeiten. Arbeiten Sie beispielsweise mit unterschiedlichen Farben (▶ TIPP 9) oder mithilfe der Mindmapping-Methode (▶ TIPP 91). Finden Sie ganz einfach heraus, welche konzentrationsfördernden Arbeitstechniken Ihnen am besten liegen.

Tipp 49 Trainieren Sie Ihre Konzentrationsfähigkeit!

Hier sind einige Übungen zusammengetragen, mit denen Sie Ihre Konzentrationsfähigkeit trainieren und Ihre Schwachpunkte reduzieren können. Wiederholen Sie die Übungen regelmäßig. Gehen Sie es langsam an und finden Sie Spaß an der Sache. Denn wie Sie wissen, ist Freude schon eine gute Voraussetzung, eine Sache konzentriert zu bearbeiten.

Freude ist eine gute Voraussetzung für Konzentration

Übung 1: Schweigen Sie

Lenken Sie Ihre Aufmerksamkeit für kurze Zeit auf einen Gegenstand. Betrachten Sie ihn stillschweigend und versuchen Sie, dabei an nichts zu denken.

Übung 2: Buchstaben finden

Nehmen Sie eine Zeitschrift oder Tageszeitung zur Hand und suchen Sie beispielsweise alle „f" in einem Text. Zählen sie diese anschließend zusammen. Später nehmen Sie dann immer mehr Buchstaben dazu. Sie können dafür einen Stift benutzen oder, wenn Sie mögen, mit dem bloßen Auge auf Suche gehen.

Übung 3: Memory

Bei diesem Spiel entscheidet ausschließlich die Konzentration darüber, ob Sie gewinnen oder verlieren. Spielen Sie also Memory – so verbindet sich Vergnügen und Übung.

Übung 4: Leise hören

Stellen Sie an Ihrem Radio den „Lauschsender" ein. Hören Sie bewusst die Nachrichten leise, um sich darauf konzentrieren zu müssen, was gesagt wird. Bemühen Sie sich, alles zu verstehen.

Übung 5: Lassen Sie sich stören

Diese Übung erfolgt zu zweit. Nehmen Sie sich eine Aufgabe vor und versuchen Sie, diese konzentriert zu erledigen. Ihr Partner versucht währenddessen, Sie abzulenken. Er gibt laute Geräusche von sich und knistert mit Papier. Er darf es Ihnen allerdings nicht unmöglich machen, die Aufgabe zu erledigen. Schreiben Sie nach der Übung auf, was Sie am meisten gestört hat, und versuchen Sie, diese Schwäche zu beseitigen. Stecken Sie sich ein Zeitlimit und setzen Sie es systematisch von Übung zu Übung höher.

All diese Übungen und Ihre Fortschritte können Sie notieren und auswerten. Beobachten Sie Ihre Fortschritte und belohnen Sie sich dafür – das motiviert für das nächste Mal (vgl. www.zeitzuleben.de).

Tipp 50 Brain-Gym: Machen Sie Gymnastik für Ihr Gehirn!

„Das Brain-Gym (Brain-Gym ist ein eingetragenes Warenzeichen) ist eine sehr effektive Methode, mit der Sie Ihre Lern-, Konzentrations- und Gehirnleistungen aktivieren und verbessern können. Im Grunde ist das Brain-Gym nichts anderes als Gymnastik für das Gehirn. Anders als beim so genannten Gehirnjogging geht es hier aber nicht um Denksportaufgaben, sondern tatsächlich um körperliche Bewegung."
(www.zeitzuleben.de)

Lernen ist ein Prozess und findet nicht nur im Kopf statt, sondern im ganzen Organismus. Carla Hannaford, Neurophysiologin und Pädagogin, beschäftigt sich seit 20 Jahren mit der Thematik des Lernens. Sie deckte den Zusammenhang zwischen Bewegung und Lernen auf: Wie Sie im Kapitel über Nahrung für das Gehirn erfahren haben (▶▶ TIPP 45 BIS 47), ist Bewegung ein notwendiges Mittel, um das Gehirn anzukurbeln.

Zusammenhang zwischen Bewegung und Lernen

Bereits bei einem Säugling, der erst lernt, sich zu bewegen, stimulieren die Bewegungen das Gehirn. Wollen wir also etwas lernen, müssen wir uns bewegen. Lesen ist nur möglich, weil wir unsere Augen bewegen, beim Hören wenden wir unseren Kopf der Tonquelle zu. Mit jedem Schritt des Lernens bewegen wir unseren Körper und können anhand der Bewegungen auch Informationen abrufen.

EBENSO WIE BEWEGUNGEN SIND AUCH BERÜHRUNGEN UND DER EINSATZ ALLER SINNE ENTSCHEIDEND FÜR DAS LERNEN.

Bereits Kinder lernen die Welt durch Anfassen, Riechen und Schmecken kennen. Auch Erwachsene lernen nachweislich effizienter durch aktives Handeln und Nachmachen. Von Geburt an haben wir gute Lernfähigkeiten. Doch Lernblockaden sind es, die im Laufe der Jahre Lernstörungen hervorrufen. Das Brain-Gym soll helfen, diese Lernstörungen zu beseitigen.

Erwachsene lernen nachweislich effizienter durch aktives Handeln und Nachmachen

Das Brain-Gym, von Dr. Paul Dennison in den 1970er-Jahren in Kalifornien entwickelt, soll aufgrund der positiven Wirkung seiner Übungen Lernen durch Bewegung möglich machen. Durch Übungen wird das gesamte Körper-Geist-System mobilisiert und das Lernen ermöglicht.

Suchen Sie sich Übungen aus, die Ihnen gefallen und an denen Sie Freude finden. Die in diesem Tipp dargestellten Informationen sind nur ein Bruchteil der eigentlichen Materie und sollen Sie dazu motivieren, sich mit Brain-Gym weiter auseinanderzusetzen. Weitere Übungen finden Sie unter anderem in dem Buch „Brain-Gym fürs Büro" von Paul Dennison u.a. (Kirchzarten 2004) (vgl. auch hier www.zeitzuleben.de).

Übung 1: Überkreuzbewegung

Bewegen Sie sich auf der Stelle, indem Sie das linke Knie hochziehen und es mit dem angewinkelten Ellenbogen des rechten Arms berühren. Diese Übung machen Sie abwechselnd links und rechts. Hier kommt es nicht auf Schnelligkeit, sondern auf bewusstes Ausführen an.

Mit dieser Übung werden alle Funktionen Ihres Gehirns stimuliert.

Übung 2: Elefant

Stellen sie sich hin und legen das linke Ohr auf Ihre linke Schulter. Strecken Sie dabei den linken Arm aus. Sie sollten mit dem Ohr gerade ein Stück Papier festhalten können. Malen Sie mit dem ausgestreckten Zeigefinger eine körpergroße, liegende Acht in den Raum. Benutzen Sie dabei Ihren Oberkörper von der Taille an und fangen Sie links oben an. Folgen Sie der Fingerspitze mit Ihren Augen. Wiederholen Sie diese Übung drei- bis fünfmal mit jeder Seite.

Mit dieser Übung können Sie Verspannungen im Nackenbereich lösen.

Übung 3: Schwerkraftgleiter

Setzen Sie sich auf einen Stuhl und entspannen Sie. Anschließend strecken Sie die Beine so aus, dass die Füße den Boden gerade noch berühren. Überkreuzen Sie die Fußgelenke und beugen Sie dann die Knie leicht. Atmen Sie langsam aus und beugen Sie sich derweil nach vorn. Die Arme sind dabei gestreckt und parallel zu den Beinen. Beugen Sie sich nur so weit nach vorne, wie es Ihnen angenehm ist. Danach richten Sie sich wieder auf und atmen tief ein. Wiederholen Sie diese Übung mindestens dreimal.

Überkreuzen Sie Ihre Füße ruhig auch mal anders herum und beginnen Sie von vorn.

Diese Übung entspannt nach langem Sitzen den Beckenbereich, fördert die Durchblutung und steigert die Aufnahmefähigkeit.

Übung 4: Alphabet-Acht

Auf einem Blatt Papier beginnen Sie in der Mitte, drei liegende Achten übereinander zu zeichnen, ohne den Stift abzusetzen. Wechseln Sie die linke und rechte Hand ab und malen Sie mit beiden Händen. Mit den Augen verfolgen Sie die Spitze des Stifts. Wiederholen Sie die Übung mit der Hand, mit der Sie üblicherweise schreiben, und malen Sie – wieder ohne den Stift abzusetzen – ein kleines „a" auf der linken Seite der liegenden Acht. Zeichnen Sie weitere drei liegende Achten und dann ein kleines „b" auf die rechte Seite. Setzen Sie das Spiel fort, ohne den Stift abzusetzen, und fahren Sie im Alphabet fort.

Diese Übung löst aufgebaute Schreibblockaden und setzt Kreativität frei.

Übung 5: Double-Doodle

Mit je einem Stift in beiden Händen malen Sie gleichzeitig spiegelbildlich Figuren, Kringel und Kreise auf ein Blatt Papier. Fangen Sie mit einfachen Formen an und steigern Sie sich. Während des Zeichnens können Sie sich laut die Richtung Ihrer Handbewegung sagen, um sie zu koordinieren.

Anwender dieser Technik können beispielsweise versuchen, mit beiden Händen ihren Namen zu schreiben – mit der rechten Hand normal und links spiegelbildlich.

Mit dieser Übung trainieren Sie die Koordination Ihrer Augen und unterstützen die Auge-Hand-Abstimmung für eine bessere Schreibfertigkeit.

Teil X — WIE SIE SICH ZU HÖCHSTLEISTUNGEN MOTIVIEREN KÖNNEN

Diesen Teil sollten Sie lesen, wenn Sie mehr darüber erfahren möchten, wie Sie sich zum Lernen und anderen Tätigkeiten motivieren können. Angefangen von den menschlichen Bedürfnissen nach Maslow werden Techniken aufgezeigt, mit denen Trainer arbeiten, die ganze Verkaufsabteilungen in Firmen motivieren müssen.

Motivation ist der effektivste Antrieb zum Lernen. Von ihr hängt es ab, mit wie viel Erfolg oder Misserfolg, Spaß oder Frustration man zum Ziel kommt. Starke und positive Motive helfen oft über Anstrengungen und Schwierigkeiten hinweg.

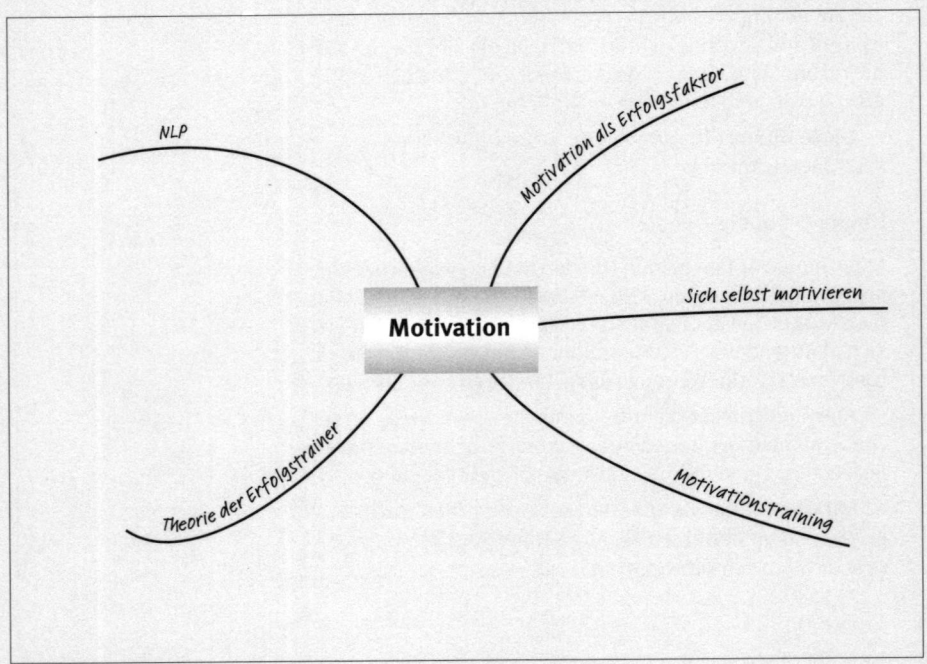

Abb. 12: Motivation

Tipp 51 Begreifen Sie Ihre Motivation als Sprungbrett zum Erfolg!

Der Begriff „Motiv" bezeichnet einen Beweggrund (Wunsch, Trieb, Streben), der hinter einem Verhalten steht. Motive sind also nie beobachtbar, sondern gedankliche Hilfskonstruktionen zur Erklärung von beobachtbaren Verhaltensweisen. Sie sind meist dauerhaft, können aber, abhängig von ihrer Stärke und Situation, schwanken.

Die Begriffe „Motiv" ...

Das Gewicht eines Motivs hängt nicht nur vom Grad seiner Befriedigung ab, sondern auch von anderen Zielen. So kann ein starkes Streben nach Befriedigung materieller Bedürfnisse das Selbstverwirklichungsmotiv in den Schatten stellen. Wird ein Motiv befriedigt, verliert es an Stärke; wird es über längere Zeit nicht befriedigt, wächst es in seiner Intensität.

Während es sich bei dem Motiv um einen einzelnen, spezifischen Beweggrund handelt, versteht man unter dem Begriff „Motivation" das Zusammenspiel mehrerer Motive in einer konkreten Situation und die Erwartung, ob diese Motive erreichbar sind. Die Motivation bezeichnet somit eine Handlungsübersicht in einem ganz konkreten Augenblick.

... und „Motivation"

Die Kombination mit den Erwartungen hinsichtlich des Erfüllungsgrads ist deshalb so wichtig,

- weil das Gewicht eines Motivs bei geringen Erwartungen abnimmt und
- weil aktives Verhalten auch dann nicht ausgelöst wird, wenn trotz verschiedener Motive, die hohes Gewicht haben, die Erwartungen gering sind, dass diese Motive befriedigt werden können.

DAS HEISST, ICH BIN ERST DANN MOTIVIERT, MICH WEITERZUBILDEN, WENN SICH DIE AUSSICHTEN AUF DAS BESTEHEN DER PRÜFUNGEN ERHÖHEN UND ICH DIE ERKENNTNISSE FÜR MEINE ARBEIT VERWERTEN KANN.

Dort, wo ein für uns wichtiges Bedürfnis besteht, das nicht durch eine einfache Handlung zu befriedigen ist, ist unser Spannungszustand am höchsten. Erklärt dies, weshalb wir durch besondere Herausforderungen innerhalb unserer Tätigkeit am stärksten „motiviert" sind? Lesen Sie dazu die folgenden Ausführungen.

Welche Motive bewegen uns Taten zu vollbringen, uns immer wieder mit neuen Problemen auseinanderzusetzen und schließlich fortlaufend zu lernen? Auf dem Weg, diesen Dingen auf den Grund zu gehen, möchte ich der Vollständigkeit halber die Theorien von Maslow betrachten.

Die Theorien von Abraham Maslow

Der US-amerikanische Psychologe Abraham Maslow (1908–1970) hat die Bedürfnisse des Menschen in fünf Gruppen eingeteilt und die „Maslowschen Bedürfnispyramide" entwickelt (vgl. Abb. 13). Er geht von der Annahme aus, dass die menschlichen Bedürfnisse nicht gleichwertig und nicht gleich wichtig sind. Bedürfnisse, die dem unmittelbaren Überleben dienen, sind Maslow zufolge besonders wichtig. Andere werden erst dann verhaltenswirksam, wenn die lebensnotwendigen Bedürfnisse befriedigt sind, so die Motivationstheorie von Maslow.

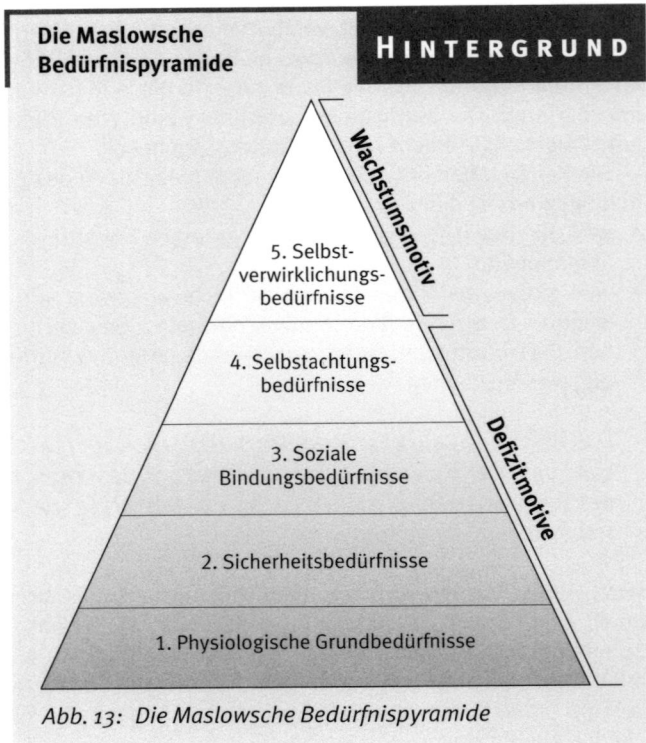

Die Maslowsche Bedürfnispyramide

HINTERGRUND

Wachstumsmotiv

5. Selbstverwirklichungsbedürfnisse

4. Selbstachtungsbedürfnisse

3. Soziale Bindungsbedürfnisse

Defizitmotive

2. Sicherheitsbedürfnisse

1. Physiologische Grundbedürfnisse

Abb. 13: Die Maslowsche Bedürfnispyramide

1. Physiologische Grundbedürfnisse

Elementare Bedürfnisse (Hunger, Durst, Atmung, Schlaf) haben Vorrang vor allen anderen Bedürfnissen.

Elementare Bedürfnisse

2. Sicherheitsbedürfnisse

Hat der Mensch sein Überleben gesichert, wird er nach Schutz, Vorsorge und Angstfreiheit streben, das heißt, er wird seine Existenz in der Gesellschaft absichern wollen.

3. Soziale Bindungsbedürfnisse

Die Motive dieser Ebene zielen auf den zwischenmenschlichen Kontakt, Liebe, Zugehörigkeit und Geborgenheit durch langfristige Bindungen.

4. Selbstachtungsbedürfnisse

Bei den so genannten Ich-Motiven handelt es sich um das Bedürfnis nach Selbstachtung, Anerkennung, Status und Macht. Diese Bedürfnisklasse sichert unsere Position in der Gesellschaft und das Selbstwertgefühl.

Ich-Motive

Bei diesen ersten vier Bedürfnissen spricht Maslow von **Defizitmotiven,** denn: *„Die langfristige Frustration dieser vier Motive führt bei dem Individuum zu Krankheit, ihre Befriedigung zu Gesundheit."* (Maslow, 1981)

5. Selbstverwirklichungsbedürfnisse

Im Moment der Befriedigung der Defizitmotive beginnt der Mensch, sich mit den Künsten, Wissenschaften oder einfach mit Hobbys zu beschäftigen. Für den außenstehenden Beobachter ist bei diesen Tätigkeiten meist kein unmittelbarer Nutzen zu erkennen. Maslow versteht unter Selbstverwirklichung sogar *„die volle Anwendung und Nutzung der Talente, Kapazitäten und Fähigkeiten,"* die ein Mensch für das Leben mitbringt.

Letzteres nennt Maslow das **Wachstumsmotiv;** hierzu bemerkt er: *„Das fünfte Motiv kann hierbei nicht als Ergebnis gesehen werden, sondern ist nur als Prozess zu verstehen."* (Maslow 1981)

52 Motivieren Sie sich zum Lernen!

Warum lernen Sie eigentlich? Haben Sie sich die Frage schon einmal gestellt? Sie möchten sich verändern, neue Perspektiven entdecken, sich weiterentwickeln, einfach Ihren Zielen näher kommen. Getrieben werden Sie von Ihrem natürlichen Interesse oder dem Druck der Gesellschaft, sich fortzubilden.

Die Einstellung ist entscheidend für den persönlichen Erfolg

Um zu lernen, brauchen Sie aber eine eigene Einstellung, die entscheidend für Ihren ganz persönlichen Lernerfolg ist. Wenn Sie nicht den Willen haben zu lernen, wird es Ihnen schwer fallen, Ihr Wissen zu erweitern. Oftmals boykottieren wir uns selbst und sehen es darin erwiesen, dass Lernen schrecklich schwer ist.

Deshalb der Tipp: Überprüfen Sie zunächst Ihre Einstellung und fangen Sie erst dann an, konkret zu lernen. Motivieren Sie sich zum Lernen! Führen Sie sich vor Augen, wofür Sie lernen – sei es für die nächste Prüfung, die Fähigkeit, eine Sprache zu sprechen oder um Ihr Allgemeinwissen zu erweitern.

MACHEN SIE ES SICH BEWUSST, WELCHES ZIEL HINTER IHREM LERNEN STEHT.

Stellen Sie sich vor, wie es sein wird, über das noch zu lernende Wissen zu verfügen, und motivieren Sie sich mit kleinen Belohnungen (▶ **TIPP 20**).

Offen für Neues sein

Wecken Sie Ihre Neugier und seien Sie offen für Neues. Erinnern Sie sich daran, wie Sie als Kind mit großen Schritten und voller Offenheit die Welt entdecken wollten? Versuchen Sie, sich in eine solche kindliche Haltung zu versetzen und neugierig und spielerisch an Ihre Lerninhalte heranzugehen (vgl. www.zeitzuleben.de).

53 Trainieren Sie Ihre Motivation!

„Schon wieder lernen!" Ertappen Sie sich gelegentlich dabei, dass Sie Dinge vor sich her schieben, die geforderte Projektarbeit in der letzten Minute schreiben, die Nachbereitung doch wieder nicht gemacht haben? Das Gefühl, Sie müssten endlich Ihren inneren Schweinehund besiegen, um nicht den Anschluss zu verlieren? Und jedes Mal, wenn Sie wieder kurz davor sind, das zu tun, was Sie sich vorgenommen haben, gibt es wichtigere Dinge wie E-Mails schreiben, noch mal mit Freunden telefonieren oder die letzten Sonnenstrahlen genießen?

Haben Sie sich in dieser Beschreibung wiedererkannt, sind folgende Schritte genau das Richtige für Sie, um zu lernen, sich selbst zu motivieren:

Lektion 1: Die Spreu vom Weizen trennen

Bevor Sie eine Aufgabe in Angriff nehmen, sollten Sie sich vergewissern, ob dies wirklich sinnvoll ist. Wir steigern uns nämlich manchmal in Dinge hinein, die wichtig zu sein scheinen, übersehen aber dabei das wirklich Wesentliche.

Die wirklich wichtigen Aufgaben herausfiltern

Überlegen Sie deshalb lieber zweimal, wo Sie die Aufgabe zuordnen, und beginnen Sie erst dann, und zwar mit der bedeutungsvolleren Aufgabe. Diese wird dann mit voller Konzentration und Motivation bearbeitet.

Lektion 2: Was motiviert mich am meisten?

Finden Sie es heraus! Motiviert Sie die Anerkennung im Kollegen- oder Freundeskreis, die Gehaltserhöhung nach bestandener Prüfung, eine neue Herausforderung oder eine erfolgreiche Teamarbeit?

Wenn Sie Klarheit darüber haben, was Sie motiviert, können Sie Ihre Aufgaben entsprechend einteilen. Haben Sie beispielsweise viel Teamgeist und wissen Sie, dass Sie eine große Aufgabe zu lösen haben? Dann suchen Sie sich Ihre Mitspieler zusammen, das motiviert und schafft ein Sicherheitsgefühl. Handeln Sie nach Ihren individuellen Bedürfnissen, um sich selbst steuern zu können und sich selbst zu motivieren.

Lektion 3: Sich den Erfolg vor Augen führen

Sich für etwas zu motivieren, erfordert Eigeninitiative, einen starken Willen und Durchhaltevermögen. Wie wäre es, wenn Sie sich den Erfolg der letzten Aufgabe vor Augen führen?

VERSETZEN SIE SICH IN DIE SITUATION, IN DER SIE DIESES ÜBERWÄLTIGENDE ERFOLGSGEFÜHL HATTEN UND DIE AUFGABE ABGESCHLOSSEN WAR.

Sie wurden bewundert, haben sich gut gefühlt, und manchmal wurde auf Sie auch ein neidischer Blick geworfen. Malen Sie sich diesen Moment in allen Farben aus und starten Sie mit diesem Gefühl und dem Elan, mit dem Sie die Aufgabe bewältigt haben, durch.

Lektion 4: Denken Sie positiv!

Streichen Sie alle negativen Gedanken, beispielsweise dass Sie *„die Aufgabe nie bewältigen werden"* oder sich *„sowieso nicht konzentrieren können"*. Solche Gedanken demotivieren Sie bloß.

Denken Sie positiv, zum Beispiel *„Ich werde die Aufgabe lösen"* und *„Es wird mir viel Spaß machen"*. So programmieren Sie sich darauf, die Aufgabe konzentriert anzugehen, damit sie schnell erledigt ist. Auch wenn Sie meinen, nicht daran zu glauben, ist doch Ihr Unterbewusstsein darauf programmiert.

Falls Sie Ihre Gedanken nicht in Ruhe lassen, schreiben Sie sie auf ein Blatt Papier und werfen sie es anschließend weg. Das befreit und reinigt die Gedanken.

Lektion 5: Belohnen Sie sich selbst!

Lassen Sie sich durch Belohnung motivieren? Dann überlegen Sie, was Sie nach Abschluss des Projektes Schönes tun könnten und nehmen Sie sich das als Belohnung für die getane Arbeit vor – zum Beispiel endlich mal wieder shoppen gehen oder einfach Freunde besuchen. Kaufen Sie sich das lang ersehnte Buch oder lassen Sie sich durch eine Massage verwöhnen. Suchen Sie sich Sachen aus, die Sie wirklich anspornen, ein Ziel schnell zu erreichen. Am besten schreiben Sie sich auf, womit Sie sich belohnen wollen und wann das geschehen soll.

Belohnung muss sein

Aber betrügen Sie sich nicht selbst, die Belohnung muss dann auch erfolgen! (▶ TIPP 20)

Lektion 6: Durch Deadline motivieren

Setzen Sie sich selbst unter Zeitdruck. Legen Sie einen Termin fest, bis zu dem Sie eine Aufgabe vollendet haben müssen. Tragen Sie diesen Termin in Ihren Kalender ein. Notieren Sie ihn außerdem auf einem Zettel, den Sie an die Wand hängen. Erzählen Sie Freunden davon, damit die Sie daran erinnern können.

Sie können Ihre Aufgabe auch in Teilaufgaben untergliedern und zwischendurch abchecken. So verhindern Sie, dass Sie in Zeitdruck kommen. (▶ TIPP 13)

Lektion 7: Maßnahmenpläne

Manchmal dauern Vorhaben länger als geplant und lassen unsere Motivation sinken.

Stellen Sie deshalb einen Maßnahmenplan mit exakter Zeitplanung auf, der Ihr Vorhaben nicht künstlich in die Länge zieht. So vermeiden Sie, dass Termine Sie aus der Zeitbahn werfen. Sie können sich auch Tagespläne aufstellen und am Ende des Tages überprüfen, ob Sie Ihr gestecktes Ziel erreicht haben.

Lektion 8: Auszeit nehmen

Es gibt Tage, da kommt man einfach beim besten Willen nicht weiter. Ganz gleich, wie viel Mühe man sich gibt – es gelingt nichts.

Quälen Sie sich nicht länger, solche Tage kennt und hat jeder. Der Körper braucht dann einfach eine Auszeit. Bestrafen Sie sich nicht, indem Sie Ihre Belohnung streichen, nutzen Sie vielmehr den Tag für sich. (▶ TIPP 24)

Lektion 9: Seien Sie nicht egoistisch!

Wenn Sie immer nur an sich denken, versauern Sie. Helfen Sie stattdessen anderen mit Ihrem Wissen, die größere Probleme haben. Sie werden sehen, der Erfolg kommt zu Ihnen und Sie haben ein richtig gutes Gefühl.

Lektion 10: Sport befreit

Machen Sie Ihrem Körper eine Freude und bewegen Sie sich einmal täglich ausgiebig. Bringen Sie Ihren Kreislauf in Schwung und aktivieren Sie Ihr Gehirn. Auch ein einstündiger Spaziergang fördert die Sauerstoffzufuhr und motiviert Sie für neue Taten.

Achten Sie auch auf Ihre Ernährung und vergessen Sie nicht zu trinken (▶▶ TIPP 45 BIS 47).

Lektion 11: Feiern Sie sich!

Nach einer bewältigten Aufgabe holen Sie sich Anerkennung, indem Sie Ihre Arbeit anerkennen und wertschätzen. Wenn Sie nicht von anderen gefeiert werden (was eher selten der Fall sein wird), loben Sie sich selbst und feiern Sie hin und wieder: Das motiviert für neue Aufgaben und weckt positive Erinnerungen.

Tipp 54 Orientieren Sie sich an den Theorien der Erfolgstrainer!

Motivationstraining

Motivationstraining ist gefragt wie nie zuvor. Nicht nur Top-Manager lassen sich von Erfolgstrainern wie Jürgen Möller und Vera Birkenbihl coachen, sondern immer mehr Mitarbeiter werden in Erfolgsseminaren motiviert für neue Aktionen.

Theorien der Erfolgstrainer **INFORMATION**

Positives Denken

Die Technik des Positiven Denkens, so sagt man, beeinflusst als Erstes das Unterbewusstsein und verändert dann das Leben. Denn andauernde Schwarzmalerei führt zu Depressionen und Frustrationen.

Eine positive Einstellung zu Neuem hingegen weckt das Interesse und ermöglicht so schnelles Lernen.

Autosuggestion

... befasst sich mit Eigenbeeinflussung. Unter Anwendung dieser Methode kann man sein Verhalten systematisch und zielgerichtet steuern. Wird einem etwa ständig gesagt *„Das schaffst du nie!"*, zweifelt man an sich, denn diese negative Botschaft setzt sich im Unterbewusstsein fest und man meistert die Aufgabe tatsächlich nicht.

Positive Beeinflussung des eigenen Unterbewusstseins

Ebenso kann man das Unterbewusstsein auch in die andere Richtung beeinflussen, indem man sich immer wieder sagt, dass man etwas schafft. Auch das wird später als Wahrheit übernommen. Mit professionellem Werkzeug kann eine Eigenbeeinflussung zum Positiven manipuliert werden, wie es bei Sportlern schon Anwendung findet.

NLP

Robert Dilts, ein berühmter NLP-Entwickler, beschreibt die NLP-Technik als „... *Verhaltensmodell und ein System klar definierter Fähigkeiten und Techniken* ... " („Wirtschaftswoche-heute", 30.08.2000). NLP untersucht die Interaktion zwischen Gehirn (Neuro), Sprache (Linguistik) und Körper, die ineffektives und effektives Verhalten hervorrufen können. Näheres dazu erfahren Sie in ▶ TIPP 55.

Tipp 55 Motivieren Sie sich mit NLP!

NLP ist heute in aller Munde: NLP für Lehrer, Manager und Verkäufer. Überall stolpern wir über diese magischen drei Buchstaben. Was hat es eigentlich damit auf sich?

NLP IST EIN WERKZEUGKASTEN MIT TECHNIKEN, METHODEN UND EINSTELLUNGEN, DIE WIR NUTZEN KÖNNEN, UM WIRKUNGSVOLL MIT UNS SELBST UND MIT ANDEREN ZU KOMMUNIZIEREN, BIS HIN ZUR MANIPULATION VON ANDEREN.

Sie können die Methode des NLPs nutzen, um …

- unerwünschte Verhaltensweisen an sich selbst zu ändern,
- weniger nützliche Einstellungen durch nützlichere Einstellungen zu ersetzen,
- Ihre Kommunikationsfähigkeit mit sich selbst und mit anderen zu verbessern.

Einsatzmöglichkeiten von NLP

Mit NLP kann man sich auch selbst motivieren, was wir exemplarisch an der Methode des „New Behaviour Generator" versuchen wollen:

New Behaviour Generator

Stellen Sie sich vor, Sie könnten sich selbst in einem Glaskasten beobachten. Wenn Ihnen das gelingt, wird das Vorhaben leichter, da Sie sich von Ihrem anderen Ich trennen sollen:

- Suchen Sie sich ein ruhiges, ungestörtes Plätzchen, setzen Sie sich und entspannen Sie.
- Stellen Sie sich in kurzer Entfernung einen Menschen vor, der genauso aussieht wie Sie. Ihr anderes Ich.

Dieses andere Ich wird nun lernen, all die Dinge freudig und motiviert zu tun, für die Sie sich selbst motivieren möchten. Sie beobachten Ihr anderes Ich dabei. Erst wenn Sie vollkommen zufrieden damit sind, wie Ihr anderes Ich die Aufgabe erfüllt, ziehen Sie dieses andere Ich in Ihrer Vorstellung in sich selbst hinein. Damit lernen Sie die Fähigkeiten und erledigen Ihre Aufgabe motiviert und freudig.

Wenn Sie sich selbst nun aus dem Abstand heraus sehen, wählen Sie eine Aufgabe aus, die Sie gern motiviert und freudig erledigen möchten.

Stellen Sie sich dann vor, wie es ist, wenn das andere Ich die Aufgabe erledigt hat. Es profitiert lang- und kurzfristig von den positiven Konsequenzen dieser Handlung, wie Erfolg, Anerkennung, Freude, Zufriedenheit und Lob. Ihr anderes Ich führt nun Aufgaben mit Leichtigkeit und ohne Schwierigkeiten aus. Sie bemerken dabei, dass Ihr anderes Ich die positiven Konsequenzen vor Augen hat und sich sehr gut fühlt.

Wenn Sie mit dem Bild, das Sie sehen, also der Art, in der Ihr anderes Ich die Aufgaben erfüllt, nicht zufrieden sind, greifen Sie zu einem Trick. Stellen Sie sich die Situation im Nebel vor. Dadurch wird alles unsichtbar und Ihr Unbewusstes kann die erforderlichen Änderungen zu Ihrer Zufriedenheit vornehmen.

ERFÜLLT IHR ANDERES ICH DIE AUFGABEN MIT FREUDE, WIE SIE ES WOLLEN, KÖNNEN SIE DIESES IN SICH HINEINZIEHEN.

Öffnen Sie die Arme und stellen Sie sich vor, wie Sie das andere Ich in sich aufnehmen. Oder holen Sie ganz tief Luft und saugen Sie das andere Ich durch den Luftzug mit ein.

Future Pace

Zum Schluss sollten Sie noch festlegen, in welcher zukünftigen Situation Sie dieses neue Ich anwenden wollen. Im NLP nennt man diesen Schritt **Future Pace.** Sie gehen einen Schritt in die Zukunft und versetzen sich in die Situation, in der Sie bereits das geschafft haben, was Sie erreichen wollen. Das erleichtert die Umsetzung und sichert den Erfolg der Maßnahme.

Es gibt eine Reihe von ausgefeilten Trainingsprogrammen, die sich mit Future Pacing beschäftigen. Dieses mentale Durchspielen von Situationen ermöglicht beispielsweise eine gedachte Vorwegnahme von Prüfungssituationen: Da Körper und Geist eine Einheit bilden, bereitet allein die Vorstellung einer Prüfung den Körper auf die tatsächliche Situation vor. Verknüpft man also starke, positive Erfolgsbilder mit der zukünftigen (Prüfungs-)Situation, so programmiert man zugleich auch sein Gehirn darauf hin und erhöht die Erfolgswahrscheinlichkeit.

Teil XI WIE SIE DEN WEG ZUR EIGENEN KREATIVITÄT FINDEN

Diesen Teil sollten Sie lesen, wenn Sie mehr über Suggestopädie erfahren möchten, also über *„die Verbindung von Lernen
im entspannten Zustand mit einem sehr aktiven Lernen, wo
sämtliche Wahrnehmungskanäle und Sinne miteinbezogen
werden (visuell, auditiv, kinästhetisch, olfaktorisch, gustato-
risch)"* (Buner 1993, S. 15). Aus diesem Grunde wird Suggestopädie auch als ganzheitliches Lernen bezeichnet.

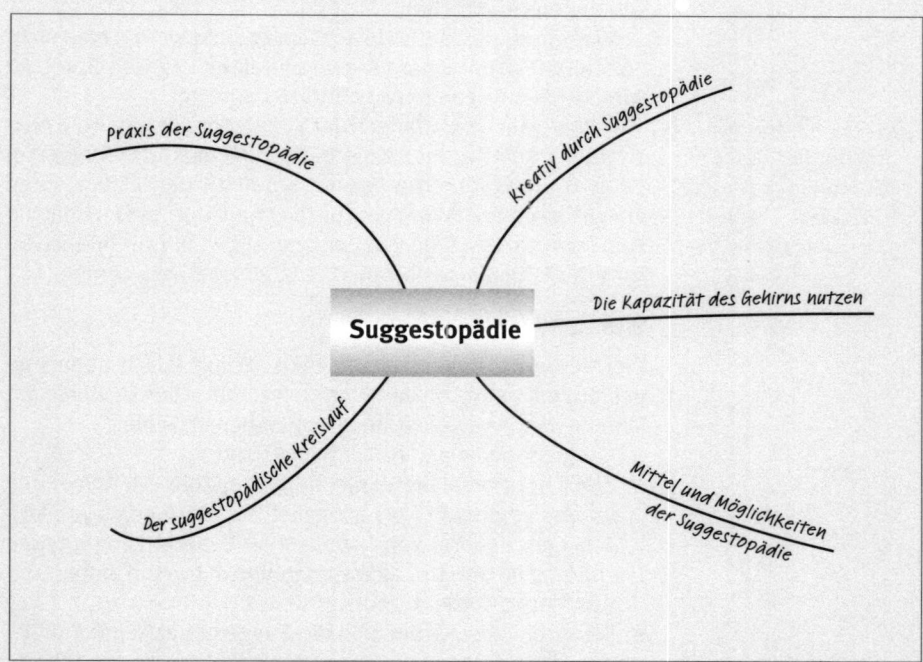

Abb. 14: Suggestopädie

Tipp 56 Werden Sie mithilfe der Suggestopädie kreativ!

Mittags auf der Wiese im Park liegen, den Kopfhörer aufsetzen, den Englischkurs vom MP3-Player starten und dann schlafen. Kann Lernen so einfach sein?

Intensivkurse, suggestopädischer Unterricht und Lehrkassetten – auf dem Markt werden sie mit hochgegriffenen Versprechen angepriesen. Vermarktet werden vor allem Angebote zum Erlernen einer Fremdsprache, die Sie, so heißt es dann, in nur einem Drittel der herkömmlichen Zeit erlernen können. Gleichzeitig werden dem Körper und der Seele positive Auswirkungen versprochen.

Was es mit der Methode auf sich hat und warum man nicht auf der Wiese mit einer CD zum perfekten Englisch-Sprecher wird, wird im Folgenden ausführlich dargelegt.

„Der Geist des Menschen ist kein Gefäß, das gefüllt, sondern ein Feuer, das entfacht werden will." (Plutarch)

Während in den Anfängen der Suggestopädie noch die Ausstrahlung und das methodische Arrangement der Suggestopädie-Gründer verkörpert wurde, hat sich in den letzten Jahren einiges gewandelt: Weg vom puren Input-Output-Denken, hin zum Lernprozess. Weg von der Lehrerfigur, hin zur Intensivierung der Teilnehmerressourcen und zu kreativem Lernen.

Was ist Suggestopädie?

Wer hierbei an „suggerieren" denkt, der liegt falsch, denn Suggestopädie hat nichts mit Einreden zu tun. Ebenso wenig mit Tiefenentspannung, Hypnose und Lernen im Schlaf.

Suggestopädie beinhaltet zwei Aspekte:

- Zunächst einmal bietet die Suggestopädie – in Anlehnung an das englische Wort „suggest" – eine Vielfalt von Vorschlägen in Form von Lern-Lehr-Methoden. Langzeitspeicherung im Gehirn und Wahrnehmen mit vielen Sinnen stehen hier im Vordergrund.
- Weiterhin beschäftigt sich die Suggestopädie mit Einflüssen. Von Geburt an werden wir gelenkt: von unseren Eltern, Freunden, Lehrern, der Werbung, dem Wetter, der Nahrung, die wir zu uns nehmen, der Gesellschaft, der Politik und vielem andern mehr. Auch unser innerer Dialog ist ein permanenter Einflussfaktor, der unser Verhalten bestimmt (vgl. Buner 1993, S. 16). Diese zahlreichen bewussten und unbewussten Einflüsse (Suggestionen) sind der Grund für uneffektive Nutzung unserer Gehirnkapazität.

„Die zentrale These der Suggestopädie besteht darin, dass die Merkfähigkeit des Gehirns viel höher ist, als man gemeinhin denkt." (www.ganzheitliches-training.de)

Wie wissenschaftliche Untersuchungen zeigten, liefert die Suggestopädie richtig angewendet tatsächlich überdurchschnittliche Lernergebnisse.

Erreicht wird dies beispielsweise durch den Einsatz von Suggestionsformeln auf verschiedenen Ebenen, die das Selbstvertrauen des Lernenden stärken sollen. So kann der Lernende aufgrund der Entspannungsfähigkeit mentale Blockaden abbauen, seine Aufnahmefähigkeit erhöhen und die Leistungsfähigkeit verbessern. Eine bedeutende Rolle spielt dabei auch der Einsatz von Musik.

Suggestionsformeln zur Stärkung des Selbstvertrauens

Das Herzstück der Suggestopädie ist der so genannte suggestopädische Kreislauf (▶ Tipp 59). Er soll in vier Phasen den Lernstoff für das Gehirn dauerhaft nutzbar machen. Zum Einsatz kommen dabei mentale Techniken wie Entspannungsübungen, Visualisierungstechniken und Tagträume (▶▶ Tipp 41 bis 44).

Wann entstand die Suggestopädie?

Suggestopädie ist zurückzuführen auf den bulgarischen Mediziner und Psychotherapeuten Dr. Georgi Lozanov, der aufgrund seiner Untersuchungen über das Gedächtnis eine Lernmethode entwickelte.

Die Geschichte der Suggestopädie

Im Jahr 1965 wurde die Suggestologie zur Schmerzkontrolle bei medizinischen Eingriffen in Bulgarien eingesetzt. Ermutigt durch die Erfolge in der Psychotherapie, befasste sich Lozanov nun mit der Pädagogik und der Lernpsychologie. Er beschäftigte sich mit dem Phänomen der Hypermnesie, dem Supergedächtnis.

Ein Buch zweier amerikanischer Journalisten machte die Suggestopädie als revolutionäre Lerntechnik bekannt. Darin wurde sie als Wunderwaffe der östlichen Elite bezeichnet, mit der man mühelos tausende von Wörtern einer Fremdsprache in wenigen Tagen erlernen könne.

Auf den amerikanischen Markt zugeschnitten, wurde die Suggestopädie als Superlearning verkauft (▶ Tipp 33). In Europa wurde das Superlearning Ende der 1970er-Jahre insbesondere in Gestalt von Kassetten unter das Volk gebracht. Angeblich sollte man so im Schlaf lernen.

Doch bald zeigte sich anhand wissenschaftlicher Untersuchungen, dass die Suggestopädie, richtig angewendet, tatsächlich überdurchschnittliche Lernergebnisse liefern kann (vgl. www.ganzheitliches-training.de).

Wie funktioniert Suggestopädie?

Grundprinzipien der Suggestopädie

Wie jede Methode hat auch die Suggestopädie ihre Grundprinzipien zur Anwendung, und zwar:

- ganzheitliches Lernen,
- in der Realität, nicht in unserer eigenen Wirklichkeit leben,
- ungenutztes Potenzial nutzen,
- vielfältige Assoziationen bilden,
- verschiedene Sinneskanäle auf einmal nutzen,
- unterbewusst lernen,
- Angst- und Stresssituationen vermeiden und eine entspannte Atmosphäre schaffen,
- Körper, Sinne und Gefühle mit einbeziehen, damit das Lernen zu einem unvergesslichen Erlebnis wird,
- regelmäßig Entspannungs- und Lernübungen machen,
- Kreativität fördern,
- eigene Einstellungen stärken oder langsam ändern.

Die drei Grundprinzipien nach Lozanov lauten:
- Lernen mit Freude und in entspanntem Zustand,
- Lernen unter Einbeziehung von bewusster und unbewusster Ebene und der Integration von Gehirnaktivitäten,
- die suggestive Interaktion zwischen Lehrenden und Lernenden durch die Desuggestion von Lernbarrieren und die Suggestion von Lernreserven (vgl. Riedel 1995, S. 30).

Was ist das Ziel der Suggestopädie?

Ziel der Suggestopädie ist es, Lernfreude zu wecken

Ziel der Suggestopädie ist es, die Lernfreude zu wecken oder zu steigern, negative Suggestionen abzubauen, um positive Suggestionen verantwortlich anzuwenden. Voraussetzung ist gehirngerechtes Lernen, das heißt: Lernen unter Einsatz sämtlicher Sensoren, um die Gedächtniskapazität zu steigern. In der Folge erhöht sich die Lerneffektivität und vertieft sich das Selbstvertrauen in die eigene Lernfähigkeit. So kann die Lerngeschwindigkeit allmählich gesteigert werden.

Nutzen Sie die Kapazitäten Ihres Gehirns

57 Nutzen Sie die Kapazitäten Ihres Gehirns!

Will man möglichst effektiv und entspannt lernen, muss man die linke und rechte Hemisphäre mit einbeziehen. *„Je mehr Kanäle wir beim Lernen ausschöpfen, je mehr Assoziationen wir bilden, je lebendiger – auch unter Einbezug des Körpers – wir unsere Lernprozesse gestalten, desto eher bleibt der Stoff im Langzeitgedächtnis haften und kann wieder aktiviert werden."* (Buner 1993, S. 18)

Die rechte und linke Hemisphäre

UNSER GEHIRN LIEBT REICHEN INPUT. AUCH FEEDBACK, RISIKOFREUDE (ALSO DIE LUST, ETWAS NEUES ZU ERLERNEN), EINE ENTSPANNTE ATMOSPHÄRE UND DER AUSTAUSCH MIT ANDEREN LERNENDEN IST HIERBEI VON BEDEUTUNG.

Viele Pädagogen verstehen diese sinnvolle Anreicherung des Lehrstoffes fälschlicherweise als Ablenkung vom Wesentlichen. Dabei schaffen straff und logisch durchorganisierte Unterrichtspläne Lernbarrieren.

Druck verursacht Stress. Im Gehirn drückt sich dies folgendermaßen aus: Steigen die Werte der Stresshormone Adrenalin und Noradrenalin an, so behindern sie die Transmitter, die für den Informationsfluss zuständig sind. *„Das ist genau der Moment, wo uns auf Biegen und Brechen nichts einfällt, in der Prüfungsangst oder in der Panik."* (Vester 1984 in: Riedel, S. 266) Da das Lernen meist mit Angst und Druck assoziiert wird, bleibt nur etwas Auswendiggelerntes und Gemerktes, aber leider kaum in Zusammenhängen Verstandenes, haften.

Druck sollte man vermeiden, denn er verursacht Stress und ist kontraproduktiv

Aus diesen Erkenntnissen resultieren eine Reihe von Erfordernissen, die für einen optimalen Lerneffekt sorgen.

So nutzen Sie die Kapazitäten Ihres Gehirns optimal aus: **PRAXIS**

- Schalten Sie das Konkurrenzdenken aus. Wohlfühlatmosphäre und eventuelle feste Bezugspersonen sorgen für das grundsätzliche Sicherungsbedürfnis (Reptiliengehirn).
- Sorgen Sie für eine gewisse Regelmäßigkeit, z.B. Tagesabläufe, sowie für Regeln – beides unterstützt den Lernprozess.

93

- Berücksichtigen Sie Ihre Gefühlswelt, also das limbische System. Positive Erlebnisse fördern das Lernen, und die autonome Persönlichkeit kann sich entfalten.
- Nutzen Sie die rechte und die linke Gehirnhälfte. Dafür müssen Sie Elemente wie Bild, Ton und Bewegung einsetzen, die mehrere Sinne ansprechen. Qualitativ und quantitativ reicher Input, der die Zusammenarbeit beider Hemisphären fördert, ist für das Gehirn optimal.
- Fördern Sie Interaktionen mit anderen wie z.B. Gespräche. Präsentationen eignen sich zum Beispiel gut.
- Wenden Sie verschiedene Erklärungsarten an, da es verschiedene Lerntypen gibt. Finden Sie heraus, welche Lernmethode für Sie am besten geeignet ist, und nutzen Sie sie.
- Vermeiden Sie Angst und Druck. So steigern Sie Ihre Freude am Lernen und damit Ihre Aufmerksamkeit. Lernen im entspannten Zustand ist am effektivsten.

 58 **Erfahren Sie mehr über die Mittel und Möglichkeiten von Suggestopädie!**

Negative und positive Suggestion

Es gibt zwei gegensätzliche Einstellungen zum Lernen. Sie werden durch die positive bzw. negative Suggestion geprägt.

- Die negative Variante ist wohl die verbreitetste, denn mit Lernen verbinden die meisten Druck, Angst und Blockaden. Wir „müssen" lernen, ob für das Studium oder im Beruf.

  Bei dem Versuch, alle Informationen aufzunehmen, geraten viele unter Zeit- oder Leistungsdruck. Angst macht sich breit, ob man den entsprechenden Anforderungen auch gerecht wird. Dies kann dann zu so genannten Lernblockaden führen. Unlust zu lernen ist eine der Folgen.

- Die positive Suggestion setzt sich aus den Elementen Freude, Spiel sowie Selbst- und Fremdbestätigung zusammen. Sie ist vor allem geprägt durch Entspannung. Lernen wird hier als Chance und Möglichkeit angesehen, seinen eigenen Horizont zu erweitern und sich selbst zu verwirklichen. Negative Erfahrungen gehören nun einmal dazu. Gerade aus Fehlern lernt man. Wir „wollen" uns ja verbessern!

Lernen als Chance, seinen Horizont zu erweitern

Die fünf Wirkungsfaktoren der Suggestopädie

Mit Suggestopädie (▶ TIPP 56)lernen heißt, mit ausgewählter Musik, mit allen Sinnen, im ausgewogenen Rhythmus, mithilfe des Gruppenprozesses und unter Anwendung der suggestiven Faktoren zu lernen:

1. Ausgewählte Musik

In den aktiven und rezeptiven Phasen des Lernens verwendet man ausgewählte Musik wie Barock, Klassik oder New-Age-Musik, um Lernstoff zu unterstreichen und zu festigen.

Ausgewählte Musik soll den Lernstoff festigen

> *AUSSERDEM SOLLEN DURCH MUSIKSTÜCKE GEFÜHLE ERZEUGT WERDEN, DIE ALS ASSOZIATIONEN FÜR DEN JEWEILIGEN LERNINHALT DIENEN.*

Bei der Auswahl der Musik sollten Sie darauf achten, dass sie nicht ablenkend, sondern unterstützend wirkt. Dadurch schaffen Sie eine entspannte Atmosphäre und lernen bedeutend besser (▶ TIPP 5).

Tempo und Rhythmus spielen eine wichtige Rolle, denn sie haben Einfluss auf den Herzschlag, den Atemrhythmus und die Gefühlswelt und damit auf Ihr Verhalten. „Dabei spielen neben dem Rhythmus auch die Lautstärke, die *Intensität und Klangfülle, die Klangfarbe, die Instrumentierung und die persönlichen Erfahrungen mit Musik allgemein oder mit bestimmten Musiktiteln eine Rolle.*" (www.suggestopaedie.de)

Musik kann für die verschiedensten Aufgaben eingesetzt werden. Sie können sich mit ihrer Hilfe auf ein Thema einstimmen, Entspannungsphasen intensivieren, Arbeits- und Wiederholungsphasen entspannter gestalten und so Ihre Sinne für die Aufnahme des Lernstoffs vertiefen.

2. Suggestive Faktoren

Die zentrale Aufgabe der suggestiven Faktoren ist der Abbau von Lernblockaden. Dabei spielen Ihre Persönlichkeit und Ausstrahlung, das Einbeziehen von Zielen und Stärken und das Gestalten einer Umgebung eine Rolle. Lozanov nennt drei bedeutsame suggestive Lernbarrieren:

Abbau von Lernblockaden durch suggestive Faktoren

- die logisch-kritische Barriere,
- die intuitiv-affektive Barriere,
- die ethisch-moralische Barriere.

Im Falle einer logisch-kritischen Barriere werden Lerninhalte nicht angenommen, die nicht mit der eigenen Logik übereinstimmen. Daraus kann auch eine gewisse Unsicherheit resultieren.

Was wir nicht mit unserer Moral vereinbaren können, fällt unter Letzteres. Diese Blockaden können unsere Lerneinstellung stark beeinflussen. Das bedeutet auch, dass die grundlegende Arbeit bei uns selbst liegt, nämlich bei unserer Einstellung zum Lernen und zu uns selbst.

3. Lernen mit allen Sinnen

Unser Gehirn benötigt reichlich Input (▶ TIPP 57). Deshalb ist das Lernen mit allen Sinnen von großer Bedeutung. So können alle Lerntypen mit einbezogen werden, um sowohl die linke also auch rechte Gehirnhälfte optimal zu nutzen.

Die fünf Sinneskanäle

Wir nehmen Informationen über fünf verschiedene Sinneskanäle auf:

- Sehen über den visuellen Kanal,
- Hören über den auditiven Kanal,
- Fühlen über den kinästhetischen Kanal,
- Riechen über den olfaktorischen Kanal,
- Schmecken über den gustatorischen Kanal.

Drei Lerntypen

Demgemäß unterscheidet man drei Lerntypen:

- Der **visuelle Lerntyp** profitiert am meisten von Präsentationen, Literatur und Videos. So ist er sprichwörtlich „im Bilde".
- Dialoge mit anderen und eigene Vorträge oder Vorträge anderer nützen dem **auditiven Lerntyp.** Diskussionen und Vorlesungen sind fördernd.
- Der **kinästhetische Lerntyp** lernt am effektivsten durch „Learning by doing". Selber aktiv sein, zum Beispiel in der Gruppe und Gestik sowie Mimik der anderen sind für ihn von Bedeutung. Dieser Lerntyp wird am ehesten kreativ.

4. Nutzen des Gruppenprozesses

Teamarbeit wird groß geschrieben, sowohl in Bildungsstätten als auch in vielen Unternehmen. Und das aus gutem Grund, denn unter Nutzung des Gruppenprozesses können Erfahrungen ausgetauscht werden. Wer zusammen lernt, der kann auch effektiver zusammenarbeiten.

Unter dem Motto „Niemand weiß alles, aber alle wissen etwas" hat jeder Teilnehmer die Möglichkeit, sich in die Gruppe einzubringen und so sein Selbstbewusstsein durch Feedback zu stärken. Auch ist die Erweiterung des eigenen Horizontes durch Erfahrungsaustausch garantiert.

5. Ausgewogene Rhythmisierung

Neben aktiven Lernphasen dürfen Entspannungsphasen nicht fehlen. Dabei ist auf einen ausgewogener Rhythmus zu achten, denn zu viele Pausen machen träge; zu wenige schaden der Konzentration. Alle drei Lerntypen sind anzusprechen.

Aktive Lernphasen müssen sich mit Entspannungsphasen abwechseln

Tipp 59 Lernen Sie den suggestopädischen Kreislauf kennen!

Der suggestopädische Kreislauf (▶ TIPP 56)bereitet das Lernen in vier Phasen vor. Dabei werden die fünf Wirkungsfaktoren (▶ TIPP 58) sinnvoll miteinander verbunden. Man unterscheidet fremdsprachliche und nicht-fremdsprachliche Kreisläufe, die in unterschiedlichen Modellen existieren.

Lernen in vier Phasen

Die Phasengliederung nach Edelmann (1988)

1. Die Vorbereitungsphase
   * Physische und mentale Entspannungsübungen
   * Vor- und Rückschau auf den Lernstoff und das Gelernte

2. Die kognitive Phase
   Aktive Darbietung des Lernstoffs ohne Langeweile

3. Die rezeptive Phase
   * Aktive Konzertphase: Während Sie lesen, hören Sie Barockmusik, die dem Rhythmus Ihres Lesens entspricht
   * Passive Konzertphase: In der Phase hören Sie langsame Barockmusik und Sie lesen langsam

4. Die Aktivierungsphase:
   Anwendung und Übung des Gelernten

Die Lernphasen sollten abwechslungsreich, ohne Druck und motivierend durchgeführt werden, damit sie von Erfolg sein werden (vgl. Metzig/Schuster 1998, S. 194).

Tipp 60 Steigen Sie ein in die Praxis der Suggestopädie!

Anfangs wurde Suggestopädie (▶ TIPP 56) vorwiegend beim Fremdsprachenlernen verwendet. Doch nach und nach wuchs ihre Bedeutung auf allen möglichen anderen Gebieten, „*so ist doch die Industrie bei der Arbeit mit Suggestopädie führend, in unzähligen Weiterbildungs- und Ausbildungsabteilungen sitzen ausgebildete Suggestopäden, die ihre Mitarbeiter durch den Einsatz modernster Lehr- und Lernmethoden auf die Anforderungen eines sich immer schneller ändernden Wissenskanons vorbereiten*" (www.ganzheitliches-training.de).

In der heutigen Zeit, in der wir von unzähligen Informationen überflutet werden, ist Lernbereitschaft eine elementare Voraussetzung, um in der Arbeitswelt bestehen zu können.

UM DIESER FLUT STANDZUHALTEN, IST ES RATSAM, VON SUGGESTOPÄDISCHEN LERNMETHODEN GEBRAUCH ZU MACHEN.

Suggestopädie bietet eine Vorlage für individuelles, kreatives Lernen

Man eignet sich Wissen individuell und eigenständig an. Der Wille, seinen Wissensstand ständig zu aktualisieren, wird gestärkt. Jeder kann für sich entscheiden, welche seine bevorzugte Lernmethode ist. Suggestopädie ist kein Diktat. Sie bietet einfach eine Vorlage für individuelles, kreatives Lernen.

Suggestopädische Lerntipps PRAXIS

- Organisieren Sie Ihren Lernstoff gut, damit er sinnvoll und richtig eingespeichert und wiedergefunden werden kann.
- Wechseln Sie zwischen Anspannung und Entspannung; es unterstützt das Lernen.
- Gestalten Sie Ihren Lernstoff auf einem Plakat, das Sie an der Wand befestigen; so nehmen Sie die Lerninhalte immer wieder unbewusst nebenbei wahr.
- Verschaffen Sie sich in Entspannungspausen positive Suggestionen und stellen Sie sich Ihren späteren Erfolg bildlich vor.
- Verwenden Sie mehrere Lernmethoden; das hält die Aufmerksamkeit und Konzentration aufrecht.

An dieser Stelle möchte ich Ihnen einige beispielhafte Übungen für die Aktivierungsphase an die Hand geben. Wie Sie in ▶ **TIPP 59** nachlesen können, ist die Aktivierungsphase die vierte und letzte Phase des suggestopädischen Kreislaufs, in der das Gelernte angewendet und geübt wird. Für diese Phase eignen sich Spiele ganz hervorragend, denn sie machen Spaß, ermutigen zum Weiterlernen, sprechen alle Sinne an und fördern die Kreativität des Lernenden.

Übungen für die Aktivierungsphase

- **Memory** eignet sich gut zum Einprägen von Wörtern und Satzstrukturen. Auf der einen Hälfte der Memory-Karten notieren Sie die Wörter, auf die andere Hälfte der Karten malen Sie die zu den Wörtern passenden Bilder. Die Lernenden versuchen nun nach den bekannten Regeln des Memory-Spiels, zu jedem Wort das richtige Bild zu finden. Mit dieser Übung lassen sich insbesondere Lese- und Sprechfertigkeiten trainieren.

- Zu den verschiedensten Themen können **Collagen** angefertigt und an die Wand gehängt werden. Anschließend sollte man darüber mit einer anderen Person diskutieren und sich auf unterschiedlichste Art darüber austauschen. Collagen trainieren die Schreib-, Lese- und Sprechfähigkeiten.

- Ein **Lied** wird vorgespielt und die Lernenden beantworten allgemeine Fragen zum Inhalt des Liedes. Dann fügt man in das Lied Lücken ein und spielt es noch einmal. Jetzt muss der Lernende den entsprechenden Text vervollständigen. Auf diese Weise lässt sich das Hörverstehen üben.

Teil XII WIE SIE FREMDSPRACHEN AKTIV ERLERNEN UND AUF DAUER ANWENDEN KÖNNEN

Diesen Teil sollten Sie lesen, wenn Sie mehr darüber erfahren möchten, wie Sie Fremdsprachen mithilfe Ihrer Sinneskanäle effektiver erlernen und erweitern. Außerdem erfahren Sie hier, wie Sie mit der Sprache in Kontakt kommen, d.h., wie Sie die Sprache aktiv anwenden, auch wenn Sie nicht die Möglichkeit haben, permanent ins Ausland zu reisen.

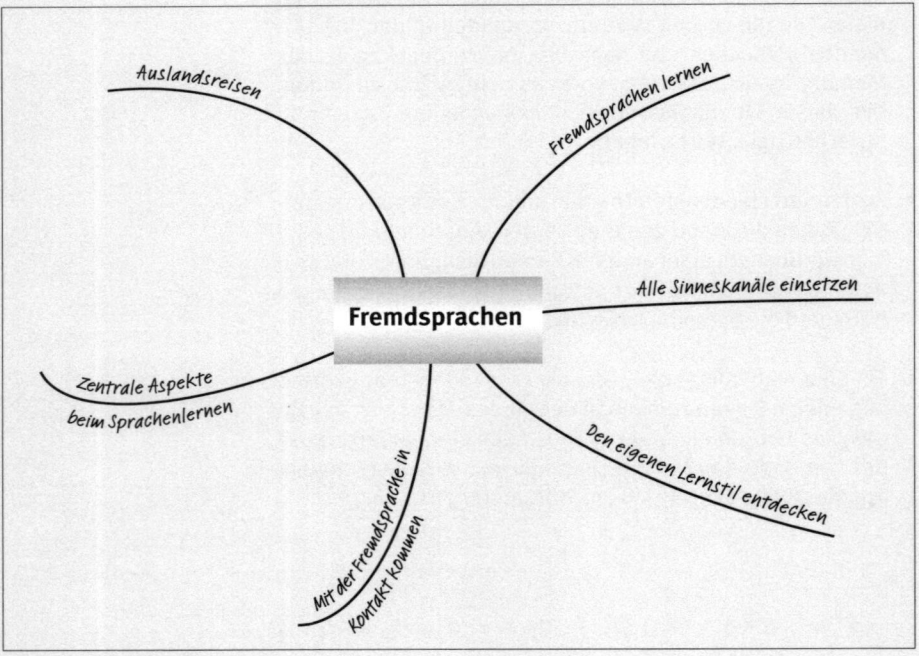

Abb. 15: Fremdsprachen

Tipp 61 — Lernen Sie Fremdsprachen!

Heute werden im Beruf mehrere Fremdsprachen vorausgesetzt. Wenn Sie nicht zu den Glücklichen gehören, die eine Sprache bereits in Schule oder Studium oder gar im Ausland gelernt haben und nun im Selbststudium oder Kurs mühevoll von vorn beginnen, finden Sie hier genau die richtigen Tipps.

Sprachkurs oder Selbstlernkurs?

Sie können eine Fremdsprache entweder in einem Sprachkurs oder in dem Selbstlernkurs erlernen. Beides hat seine Vorteile: Im Sprachkurs können Sie auf die Anleitung und Empfehlungen erfahrener Dozenten vertrauen; im Selbstlernkurs haben Sie die Möglichkeit, Ihre Lernaktivitäten auf Ihre persönlichen Bedürfnisse und Zielvorstellungen abzustimmen.

Wenn Sie sich für die zuletzt genannte Variante entscheiden, steht Ihnen eine breite Palette an Möglichkeiten offen, wie Sie Ihr Vorgehen individuell gestalten. Im Vorfeld sollten Sie sich darüber bewusst werden, ...

- aus welchem Grund Sie eine neue Fremdsprache erlernen wollen (berufliche Gründe, private Interessen, ...),
- welche Methode oder Technik zum Erlernen von Wortschatz, Grammatik, Aussprache etc. Ihnen am besten liegt,
- wie Sie Ihre Fremdsprachenkenntnisse zur Vertiefung und Übung ideal nutzen und einsetzen (vgl. www.fremdsprachenzentrum-bremen.de).

Grundregel für das Fremdsprachenlernen: immer am Ball bleiben

Eine allgemeingültige Lernmethode gibt es nicht. Sie sollten durch die Anregungen und Hinweise in ▶▶ TIPP 63 BIS 67 Ihren persönlichen Lernstil entwickeln. Eine Grundregel gilt jedoch für alle, die eine Fremdsprache erlernen: Man muss immer am Ball bleiben. Für das Vokabellernen empfiehlt sich Folgendes:

ERST HÖREN, SEHEN, SPRECHEN UND DANN SCHREIBEN. DIE WÖRTER IN DIESER REIHENFOLGE ZU ERLERNEN, IST IMMER NOCH DIE BESTE METHODE.

Lesen Sie die neuen Vokabeln laut, so wird Ihre Aussprache am besten geschult. In bestimmten Zeitabständen sollten Sie die Wörter dann wiederholen. Lernen Sie die Vokabeln darüber hinaus möglichst im Kontext, da man sich einfacher an Zusammenhänge als an einzelne Wörter erinnert (vgl. www1.uni-hamburg.de/fremdsprachenlernen).

Tipp 62 Setzen Sie beim Sprachenlernen Ihre Sinneskanäle ein!

Wer sagt denn, dass das Sprachenlernen immer mühsam und beschwerlich sein muss? Jeder Mensch nimmt Informationen, wie Sie bereits erfahren haben, über verschiedene Kanäle wahr (▶ TIPP 30). Wenn Sie etwas lernen wollen, ist es ungeheuer wichtig, diese Kanäle bewusst zu nutzen.

Sehen

Alles lesen, was einem über den Weg läuft

Natürlich ist es zum Erlernen einer Fremdsprache wichtig, Texte in der jeweiligen Sprache zu lesen. Das muss aber nicht immer ein Buch sein. Auch auf Lebensmittelverpackungen, im Internet, in Bedienungsanleitungen usw. finden Sie vieles, wodurch Sie Ihren Fremdsprachenwortschatz auffrischen oder erweitern können.

Die folgenden Anregungen sollen Ihnen helfen, auch auf andere Weise Ihre visuellen Fähigkeiten beim Sprachenlernen und Wiederholen von Wortschatz und Grammatik zu nutzen.

Sprachenlernen mit den Augen　　**PRAXIS**

- Schreiben Sie neue Wörter auf und sprechen Sie dabei laut oder leise mit. Prägen Sie sich das Schriftbild ein.
- Prägen Sie sich Bilder zu neuen Begriffen ein. Sie können z.B. selbst etwas zeichnen oder ausschneiden und aufkleben. Aber auch ein Bild, das nur in Ihrer Vorstellung existiert, kann eine wunderbare Eselsbrücke sein.
- Zeichnen Sie eine Mindmap (▶▶ TIPP 91 BIS 96) zu einem bestimmten Themenbereich, beispielsweise den Aufbau eines Hauses.
- Beschriften Sie Zeichnungen.
- Beschriften Sie Haftnotizzettel mit Vokabeln oder Beispielsätzen und kleben Sie sie an die jeweils benannten Gegenstände. Jedes Mal, wenn Sie dann beispielsweise etwas aus dem Schrank holen, sehen Sie automatisch das Wort „cupboard". So verankern Sie Vokabeln in Ihrem Gedächtnis.
- Heben Sie beim Lesen Wichtiges durch Unterstreichungen, Einkreisen oder Farben hervor (▶ TIPP 9).

Hören

Nutzen Sie jede Gelegenheit, Fremdsprachen zu hören, etwa im Radio oder Fernsehen. Lassen Sie sich nicht entmutigen, wenn Sie anfangs wenig verstehen, denn es geht nicht nur um das Verstehen:

Jede Gelegenheit nutzen, Fremdsprachen zu hören

> *SIE LERNEN DURCH DAS ZUHÖREN AUCH DIE SPRACHMELO-DIE UND RHYTHMIK DER JEWEILIGEN SPRACHE.*

Während die ausgestrahlten Fremdsprachen-Sender sehr authentisch sind, geben spezielle Sprachübungs-CDs oder Audioprogramme am Computer einen leichter verständlichen, an das jeweilige Lernlevel angepassten Sprachduktus wieder.

Sprachenlernen mit den Ohren   **P R A X I S**

- Sprechen Sie immer wieder Wörter oder ganze Sätze bzw. Dialoge nach.
- Besorgen Sie sich die Texte Ihrer Lieblingssongs und singen Sie mit.
- Hören Sie beim Joggen, im Zug oder Auto so oft wie möglich eine Sprachlern-CD. Die Sprachtrainer sprechen Ihnen die Vokabel vor und Sie wiederholen sie. Auch wenn Sie beim Hören nicht ganz konzentriert sind, speichert Ihr Unterbewusstsein Informationen ab (vgl. www.zeitzuleben.de).
- Sprechen Sie selbst deutsche Wörter oder kurze Sätze auf Band und lassen Sie Pausen dazwischen. Sie können die Wörter oder Sätze immer wieder vorspielen und die fremdsprachigen Übersetzungen ergänzen.
- Wenn Sie Kapitel in einem Buch bearbeiten, lesen Sie möglichst oft laut oder leise mit.

Tasten

Sehen und Hören sind Wege, die Informationen in das Gehirn transportieren, ein weiterer ist das Tasten. Erst wenn man etwas gefühlt, also ertastet hat, kommt es im Gehirn an, sagen Menschen, die sehr praktisch veranlagt sind. Um diese Erkenntnis auch beim Üben von Wortschatz und Grammatik einzusetzen, hier einige Spiele, die sich bestens dazu eignen:

Sprachenlernen mit dem Tastsinn　　PRAXIS

- Schreiben Sie einen Ausdruck auf einen Zettel, die deutsche Übersetzung auf einen anderen. Mischen Sie die Zettel und versuchen Sie, die Paare wieder zusammenzufügen. Wenn Sie es sich etwas schwerer machen möchten, legen Sie alle Kärtchen verdeckt auf den Tisch und spielen Sie Memory. Für dieses Spiel eignen sich auch ganze Sätze.
- Zerschneiden Sie Sätze und fügen Sie sie wieder zusammen. So prägen Sie sich die Satzstellung ein.
- Spielen Sie Scrabble, d.h., bilden Sie aus einzelnen Buchstaben möglichst viele Wörter.
- Schneiden Sie aus einem Text einzelne Wörter aus, die Sie später wieder einfügen.
- Fertigen Sie ein Poster aus Bildern und Beispielsätzen, etwa zum Thema Gesundheit, an. Damit aktivieren Sie Ihren gesamten Wortschatz zu diesem Inhalt und erkennen Lücken, die Sie füllen können. Gleichzeitig wiederholen Sie Bekanntes und bestätigen Ihre Lernerfolge. Das motiviert!

Bewegung

Der letzte Sinneskanal, den wir ansprechen, ist die gesamtheitliche Bewegung, die es ermöglicht, z.B. durch Rollenspiele eine Situation selbst zu erleben. Denn ist man in der Situation, die man sich bisher nur theoretisch vorgestellt hat, wird man das Gefühl und die Reaktion nicht wieder vergessen.

Sprachenlernen durch Bewegung　　PRAXIS

- Stellen Sie sich vor, Sie sind ein Schauspieler, der eine Rolle lernen muss. Gehen Sie im Zimmer auf und ab und sprechen Sie laut die Wörter bzw. Sätze, die Sie lernen wollen. Verändern Sie dabei auch entsprechend Ihre Haltung und Ihren Gesichtsausdruck. Spielen Sie einzelne Szenen nach.
- Schreiben Sie Wörter (z.B. unregelmäßige Verben) mit dem Finger in die Luft.

🗂 **63** Entdecken Sie Ihren eigenen Lernstil!

Die Motivation stimmt, das Lehrmaterial ist genau auf Ihre Bedürfnisse abgestimmt – und trotzdem haben Sie beim Fremdsprachenlernen weniger Erfolg als andere? Das liegt an den unterschiedlichen Eigenschaften der Menschen: Jeder hat seinen eigenen Weg, das vorgegebene Lernziel zu erreichen. Denn an sich besitzt jeder Mensch die Fähigkeit, so viele Sprachen zu erlernen wie er möchte.

Aber bereits beim Erlernen der Muttersprache zeigen sich deutliche Unterschiede in der Schnelligkeit der Aufnahme. Genauso verhält es sich mit dem Lehrmaterial: Eine allgemein gültige Methode zum Sprachenlernen gibt es nicht. Jeder Mensch hat individuelle Anlagen, denen gemäß er seinen individuellen Lernstil entwickeln muss.

Jeder hat individuelle Anlagen, denen gemäß er seinen individuellen Lernstil entwickeln muss

Um herauszufinden, welche Lernstrategien für Sie am besten geeignet sind bzw. am besten zu Ihrem Lernziel passen, sollten Sie sich über zwei Punkte Gedanken machen:

1. Welche Erfahrungen haben Sie bisher beim Sprachenlernen gemacht?
2. Welche Lernstrategie möchten Sie für welche Lernaufgabe einsetzen?

Fangen wir mit dem ersten Schritt an:

Lassen Sie Ihre bisherigen Erfahrungen beim Sprachenlernen Revue passieren.

Dabei können Ihnen folgende Fragen helfen:

Bisherige Erfahrungen beim Sprachenlernen

- Lernen Sie Grammatik besser durch Beispielsätze oder durch theoretische Regeln?
- Finden Sie Tabellen und Abbildungen in einem Lehrwerk hilfreich? Oder finden Sie lustige Beispiele und bunte Bilder einprägsamer?
- Helfen Ihnen klare Anweisungen beim Lernen oder ist es für Sie besser, wenn Sie eigene Ideen umsetzen können?
- Wie reagieren Sie auf Leistungsdruck? Ist er eher förderlich, oder demotiviert er Sie?
- Lernen Sie lieber in einer Gruppe oder allein?
- Möchten Sie immer alles richtig verstehen oder genügt es Ihnen, ungefähr zu wissen, worum es geht?

- Melden Sie sich im Kurs oft zu Wort?
- Lernen Sie gern mit Multimedia-Einsatz?
- Ist es Ihnen unangenehm, vor der Gruppe korrigiert zu werden? Warum?
- Machen Sie sich beim Zuhören Notizen? (vgl. www1.uni-hamburg.de/fremdsprachenlernen)

Sie müssen natürlich nicht jede Frage beantworten, und es gibt auch keine „richtige" oder „falsche" Antwort. Die Fragen sind lediglich als Anregung für Sie gedacht, sich mit dem Thema auseinanderzusetzen.

Nun aber zum zweiten Schritt bei der Ermittlung Ihres idealen Lernstils:

LEGEN SIE FEST, WELCHE LERNSTRATEGIE SIE FÜR WELCHE LERNAUFGABE EINSETZEN WOLLEN.

Damals im Fremdsprachenunterricht der Schule haben die Methoden und Materialen möglicherweise nicht den gewünschten Erfolg gebracht. Nun aber, mit reichlich mehr Lebenserfahrung, sollten Sie auch beim Sprachenlernen neugierig und erfinderisch sein und Vorurteile ad acta legen. Gestalten Sie Ihren ganz persönlichen Lernstil, der Ihren Gewohnheiten entgegenkommt. Dazu zwei Beispiele, wie Sie eingefahrene Methoden überdenken und ändern können:

Beispiel 1

Versuchen Sie zu lernen, ohne unmittelbar etwas schriftlich festzuhalten

Eine weit verbreitete, aber nicht sehr effiziente Methode ist das Aufschreiben von Inhalten, die bereits in gedruckter Form vorliegen. Versuchen Sie zu lernen, ohne unmittelbar etwas schriftlich festzuhalten. Setzen Sie sich stattdessen das Ziel, den Lernstoff erst nach einem Tag zu Papier zu bringen. Sie werden feststellen, dass Ihre Aussagen nun komplexer sind, da die Information bereits im Gedächtnis abgespeichert und verarbeitet wurde.

Beispiel 2

Beim Lesen von fremdsprachigen Texten gehen viele Leute so vor, dass sie jedes unverständliche Wort im Wörterbuch nachschlagen. Das hat jedoch den großen Nachteil, dass sie den Text zwar Wort für Wort übersetzen, aber den Inhalt dabei nicht erfassen. Besser ist es daher, zunächst einen Absatz zu Ende zu lesen, ohne etwas nachzuschlagen. Vieles ergibt sich ohnehin aus dem Kontext. Schlagen Sie erst dann diejenigen Wörter nach, die Ihnen für den Kontext fehlen. Sie werden merken: Es bleiben deutlich weniger Wörter übrig, die Sie noch nachschlagen müssen. So können Sie sich steigern und ganze Seiten lesen, bis Sie ohne jede Übersetzung den Inhalt verstehen und wiedergeben können.

Beim Lesen nicht sofort jedes Wort nachschlagen

Stellen Sie also Ihre Lerngewohnheiten um und probieren Sie Neues aus. Verlegen Sie Ihre Lernzeit (▶▶ **Tipp 11 bis 14**) zum Beispiel mal in die Morgenstunden, in denen Sie noch aufnahmefähiger sind. Legen Sie kurze, aber feste Lernzeiten fest, belohnen sich nach Erreichen des Lernziels (▶ **Tipp 20**) und schöpfen Sie anschließend neue Energie und Motivation für die nächste Lernphase.

Tipp 64 Kommen Sie mit der Fremdsprache in Kontakt!

Eine Fremdsprache zu erlernen, bedeutet auch, die Sprache anzuwenden. Das geschieht üblicherweise durch die Teilnahme an einem Sprachkurs mit muttersprachlichen Trainern oder durch einen multimedialen Selbstlernkurs. Daneben gibt es eine ganze Liste von Alternativen, um die Sprache regelmäßig anzuwenden und einzusetzen:

So kommen Sie mit der Fremdsprache in Kontakt: **P R A X I S**

- Suchen Sie sich einen Muttersprachler, der seinerseits Ihre Muttersprache lernt, als Tandempartner.
- Wenn Sie in Ihrer Heimatstadt keinen Tandempartner finden, suchen Sie sich einen Brief- oder E-Mail-Tandempartner.
- Wenn Sie Hemmungen haben, ein Gespräch in der Fremdsprache zu führen, führen Sie einfach erst einmal Selbstgespräche, natürlich in der Fremdsprache. Das hilft Ihnen dabei, Ihre Hemmungen zu überwinden. Gleichzeitig werden Sie mit der Aussprache vertrauter.
- Machen Sie Sprachurlaub.

Tandempartner

- Besuchen Sie fremdsprachige Lesungen und hören Sie aufmerksam zu.
- Schalten Sie oft und regelmäßig fremdsprachiges Fernsehen oder Radio ein und nutzen Sie auch andere Medien in der Fremdsprache: Zeitschriften, Bücher, Internet und Kinofilme in der Originalsprache. So lernen Sie ganz nebenbei auch noch etwas über Land und Leute.

Tipp 65 Beachten Sie beim Fremdsprachenlernen diese zentralen Aspekte!

In diesem Tipp finden Sie Anregungen zu einigen zentralen Aspekten des Fremdsprachenlernens, und zwar:

- Umgang mit neuen Vokabeln,
- Wiederholen von Gelerntem,
- Nachdenken über Wörter,
- Fremdwörter, Falsche Freunde und verwandte Sprachen,
- Sprechen in der Fremdsprache.

Umgang mit neuen Vokabeln

Wenn Sie in einem fremdsprachigen Text auf ein Wort treffen, das Sie noch nicht kennen, sollten Sie folgende Möglichkeiten ausschöpfen, ehe Sie ein Wörterbuch konsultieren:

- Finden Sie deutsche Wörter, die der fremden Vokabel ähnlich sind.
- Nehmen Sie zusammengesetzte Wörter auseinander.
- Versuchen Sie, die Bedeutung des Wortes aus dem Kontext des Textes herauszufiltern.

Wenn Sie neue Vokabeln oder Redewendungen besser behalten wollen, ...

- arbeiten Sie mit einer Lernbox (▶ TIPP 28) und
- wiederholen Sie die gelernten Vokabeln in regelmäßigen und zeitlich größer werdenden Abständen.

Wiederholen von Gelerntem

Die Abstände zwischen den Wiederholungen sollten größer werden

Regelmäßiges Wiederholen schützt vor Vergessen. Dabei sollten die Zeitabstände zwischen den einzelnen Wiederholungen möglichst größer werden. Denn: Wiederholt man zu häufig, kann der erwünschte Effekt ausbleiben. Beim Vokabellernen gelten sieben bis zehn Wiederholungen als optimal.

Beim Wiederholen können Sie durch den Einsatz einer Wortschatzdatei auf dem Computer oder einer Kartei (Lernbox, ▶ TIPP 28) verschiedene Themen und Texte berücksichtigen. Zuerst werden die Vokabeln täglich und später im Wochenrhythmus wiederholt. Lesen Sie fremdsprachige Texte, trainieren Sie automatisch, da es zu Wiederholungen aufgrund der Wortschatzstreuung kommt.

Die permanente Wortschatzwiederholung hat noch einen weiteren Vorteil: Je häufiger Ihnen ein Wort begegnet, desto mehr Detailwissen eignen Sie sich hinsichtlich seiner grammatikalischen Eigenschaften, Bedeutungen und Besonderheiten an.

Nachdenken über Wörter

DENKEN SIE GANZ BEWUSST ÜBER DIE WÖRTER NACH, DIE SIE LERNEN WOLLEN.

Wenn man die Bedeutung einer Vokabel auf Deutsch wiedergeben kann, heißt das noch lange nicht, dass sie auch gelernt wurde. Um ein Fremdwort zu verinnerlichen, kommen noch mehr Informationen und Zusammenhänge hinzu. Vieles lernt man automatisch und bei der Anwendung durch Lesen und Kommunizieren.

„Dem Behalten förderlich ist aber vor allem bei einem schwierigen Wort die Reflexion über seine Eigenschaften:

Reflexion über die Eigenschaften eines Wortes

- Warum ist das Wort schwierig?
- Finde ich eine Eselsbrücke für seine ungeläufige Form?
- Wie wird das Wort konjugiert?
- Wie ist die Konstruktion des Wortes (gilt insbesondere für Verben)?
- Was ist die Grundbedeutung, was sind Nebenbedeutungen?
- Wie ist der stilistische Wert des Wortes (vulgär, umgangssprachlich, literarisch)?
- Wie häufig/selten ist es?
- Kenne ich andere fremdsprachige Wörter ähnlicher Bedeutung? Wenn ja, wie grenzen sie sich voneinander ab?
- Kenne ich Wendungen, in denen das Wort vorkommt?

- Entspricht die Bedeutung genau/ungefähr der direkten deutschen Übersetzung?
- Gibt es mehrere Übersetzungen im Deutschen? Ist es vielleicht unübersetzbar?"

(www1.uni-hamburg.de/fremdsprachenlernen)

Fremdsprachige Texte lesen

Eine gute Art, über Worte nachzudenken, ist das Lesen von fremdsprachigen Texten. Nehmen Sie sich ein einsprachiges Wörterbuch zur Hand, in dem Sie Erläuterungen und Beispiele finden und das Ihnen in der Fremdsprache erklärt, welche Bedeutung dieses Wort hat.

Fremdwörter, Falsche Freunde und verwandte Sprachen

Wenn man deutscher Muttersprachler ist, hat man es relativ leicht, andere germanische Sprachen wie z.B. Englisch, Niederländisch oder Dänisch zu erlernen. Auch romanische Sprachen wie Französisch, Spanisch, Italienisch, Portugiesisch oder Rumänisch sind für deutsche Muttersprachler verhältnismäßig gut zu lernen, da das Deutsche viele Lehnwörter aus den romanischen Sprachen übernommen hat.

Ein weiteres vorteilhaftes Sprungbrett zum Erlernen einer neuen Fremdsprache sind andere Fremdsprachen, die man bereits beherrscht und die zur gleichen Sprachfamilie gehören. Wer beispielsweise schon Polnisch spricht, wird es verhältnismäßig einfach haben, Tschechisch zu lernen.

Verwandtschaft von Sprachen

Die Verwandtschaft von Sprachen macht sich zum einen bei Wörtern bemerkbar – „Nacht" heißt z.B. auf Französisch „nuit", auf Italienisch „notte", auf Spanisch „noche" – und zum anderen bei Wortbestandteilen (Prä- und Suffixe etc.) sowie bei grammatikalischen Strukturen.

Diese Gegebenheiten kann man sich beim Sprachenlernen also zunutze machen.

„Falsche Freunde"

Aber Vorsicht: Hinter ähnlich klingenden Wörtern verbergen sich oft so genannte Falsche Freunde, auch false friends (engl.) oder faux amis (frz.) genannt. Das sind Wörter, die zwar ähnlich klingen, in ihrer Bedeutung jedoch verschieden sind. Nehmen Sie etwa das englische Wort „eventually": Es bedeutet nicht „eventuell", sondern „schließlich".

Die Angst vor Falschen Freunden sollte aber nicht dazu führen, die großen Vorteile der Wortschatz-Verwandtschaft zwischen Sprachen beim Lernen zu vernachlässigen.

Sprechen in der Fremdsprache

Eine Sprache zu lernen, ist für die meisten von uns angenehm, solange man sie nicht aktiv anwenden muss. Wenn es dann soweit ist und man die Sprache erstmalig im „wirklichen Leben" anwenden soll, kommen erste Hemmungen auf und man erinnert sich plötzlich an nichts mehr. Um solchen Schwierigkeiten entgegenzuwirken, testen Sie folgende Ratschläge aus:

Hemmungen entgegenwirken

- *„Bereiten Sie sich gezielt auf kommunikative Kontakte oder Ausdruckschwierigkeiten vor.*
- *Prägen Sie sich feststehende Redewendungen ein, die zwar sprachlich leicht variieren können, aber doch in vielen verschiedenen Situationen eingesetzt werden können.*
- *Es gibt auch in der Fremdsprache Floskeln, mit deren Hilfe Sie eine Konversation aufrechterhalten können, ohne dabei irgendetwas Gewichtiges zum Inhalt der Konversation beizutragen. Greifen Sie bei Bedarf auf solche Mittel zurück und gewinnen Sie Zeit.*
- *Nutzen Sie die Person, mit der Sie reden, zur aktiven Mithilfe bei Ihren Äußerungen in der Fremdsprache.*
- *Wenn Sie für das, was Sie ausdrücken wollen, nicht das rechte Wort oder die richtige grammatikalische Struktur finden, seien Sie flexibel und suchen Sie nach einer Alternative.*
- *Versuchen Sie, aus Ihren Ausdrucksschwierigkeiten und eigenen Lösungsstrategien etwas zu lernen. Versuchen Sie, zu jedem Stadium Ihrer ‚Lücken' bewusst Ihre Aufmerksamkeit auf Ihr eigenes Verhalten zu richten sowie auf Modelle der Sprachproduktion."*

(www1.uni-hamburg.de/fremdsprachenlernen)

Tipp 66 Reisen Sie ins Ausland!

Nutzen Sie einen Auslandsaufenthalt, um Ihre Sprachkenntnisse auszubauen oder zu perfektionieren. Es gibt viele Möglichkeiten, wie ein solcher Aufenthalt aussehen kann:

Viele Möglichkeiten eines Auslandsaufenthalts

- Sie halten sich unter touristischen Gepflogenheiten für eine bestimmte Zeit im Land auf und lernen so ganz nebenbei alltägliche Formeln und Rituale wie beispielsweise ein Hotelzimmer zu bestellen, ein Flugticket umzubuchen, einzukaufen oder einen Arzt zu konsultieren.

- Oder Sie kombinieren Ihren touristischen Aufenthalt mit einem Sprachkurs (z.B. Spanisch in Ecuador oder Italienisch in Rom) und lernen in einer Gastfamilie, die Zielsprache in authentischer Umgebung anzuwenden.
- Vielleicht haben Sie sogar die Möglichkeit, für eine längere Zeit in ein anderes Land zu gehen, etwa in Form eines Fortbildungslehrgangs oder in einer ausländischen Niederlassung Ihres Arbeitgebers: So lernen Sie die Sprache und Kultur hautnah kennen und am umfassendsten kennen.

Lernt man die Fremdsprache im Ausland am besten?

Die Meinung, im Ausland lerne man die Fremdsprache am besten, haben Sie bestimmt schon häufig gehört. Die Forschung ist sich allerdings noch überhaupt nicht einig, ob Auslandsaufenthalte tatsächlich das Sprachenlernen erleichtern bzw. welche spezifischen Kompetenzen damit erzielt oder verbessert werden. Einige Differenzierungen sind notwendig: So ist die Effektivität eines Auslandsaufenthalts nur in Abhängigkeit der angestrebten Lernziele zu beurteilen – wie etwa flüssiger Sprachgebrauch, Erweiterung des Vokabulars, sprachliche Korrektheit (vgl. z.B. Freed 1995, Coleman 1997).

Ein Beispiel: Bei einem Vergleich von Studierenden, die ein Auslandssemester verbracht hatten, mit Studierenden, die zu Hause geblieben waren und dort Fremdsprachenunterricht besuchten, stellte sich heraus, dass nach der Rückkehr der Reisenden diese zwar deutlich besser in ihren sachlichen Kompetenzen waren und auch insgesamt flüssiger sprachen – eine wesentliche Verbesserung der sprachlichen Korrektheit war allerdings nicht festzustellen.

DESHALB IST DIE KOMBINATION EINER AUSLANDREISE MIT DEM BESUCH EINES SPRACHKURSES SINNVOLL.

Es gibt Belege dafür, dass Auslandsaufenthalte ein relevanter Faktor für erfolgreiches Fremdsprachenlernen sind, weil sie langfristige Auswirkungen auf die Motivation zum Fremdsprachenlernen haben.

Teil XIII WELCHE LERNTECHNIKEN IHREM LERNSTOFF STRUKTUR GEBEN

Diesen Teil sollten Sie lesen, wenn Sie mehr darüber erfahren möchten, welche Lerntypen es gibt.

Die individuellen Unterschiede zeigen sich in der Motivation des Einzelnen und bezüglich des zu bearbeitenden Themas, in der Ausprägung des Gedächtnisses, dem Interesse am Lernstoff und der Fähigkeit, bildhaft zu lernen. Aber auch die Tageszeit und die damit verbundene Erregung des Körpers, welche im Verlauf des Tages immer mehr zunimmt, sind Einflussfaktoren, die für den Lernerfolg maßgeblich sind und das Arbeitsverhalten beeinflussen.

Sie erfahren in diesem Teil, wie Sie Lerntechniken gezielt einsetzen, um im Umgang mit dem Lernstoff eine höhere Effektivität zu erzielen.

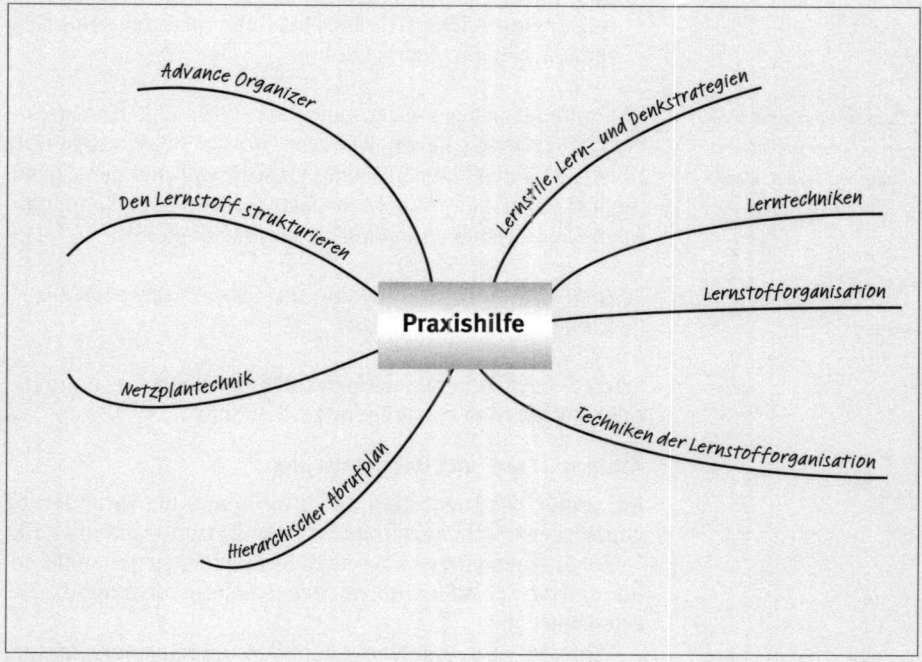

Abb. 16: Praxishilfe

Tipp 67 Lernen Sie verschiedene Lernstile sowie Lern- und Denkstrategien kennen!

Lernstil

Jeder Mensch hat individuelle Lernstrategien. Effektiv lernen heißt, sich selbst zu kennen und seinen persönlichen Lernstil anzuwenden. Und der Lernstil ist davon abhängig, mit welchen Sinnen wir bevorzugt arbeiten. Für die meisten Menschen gilt: Die richtige Mischung aus visuellen (Sehen), auditiven (Hören) und kinästhetischen (Fühlen) Elementen macht's.

Der bevorzugte Lernstil hängt davon ab, mit welchen Sinnen wir am liebsten arbeiten

- Der visuelle Lerntyp bevorzugt Texte, Bilder und Grafiken, um Sachverhalte zu verstehen. Er schafft sich gern einen Überblick über den Lernstoff.
- Dem auditiven Lerntyp genügt es, den Lernstoff zu hören, z.B. auf Tonband oder indem er sich selbst laut vorliest. Geräusche bringen ihn schnell aus der Fassung.
- Der kinästhetische Lerntyp probiert am liebsten alles selbst aus, macht Rollenspiele oder nimmt an Gruppenaktivitäten teil. Charakteristisch für ihn sind unter anderem seine Gesten und sein Bewegungsdrang.

Es sollten immer so viele Sinne wie möglich angesprochen werden

Es empfiehlt sich immer, so viele Sinne wie möglich anzusprechen, unabhängig davon, welchem Lerntyp Sie sich zugehörig fühlen. Je vielseitiger Sie den Lernstoff wahrnehmen, desto mehr merken und erinnern Sie sich. So sind auch Kombinationen von Lernstilen durchaus denkbar und effektiv.

NICHT ZU VERWECHSELN MIT DEN LERNSTILEN SIND DIE LERN- UND DENKSTRATEGIEN.

Letztere sind Vorgehensweisen zur Vermittlung von Informationen und werden nachfolgend kurz erläutert.

Arten von Lern- und Denkstrategien

Mit Lernen assoziiert man den Erwerb oder die Veränderung von Wissen mithilfe externer Faktoren (Dozenten, Medien …).

Zum Lernen gibt es aber auch Strategien, so genannte Sequenzen von Handlungen, mit denen man ein bestimmtes Ziel erreichen kann.

Wie sich Lern- und Denkstrategien unterscheiden lassen, zeigt Ihnen die nachfolgende Aufzählung.

a) Primär- und Stützstrategien

Bei den Primärstrategien handelt es sich um Strategien, die direkten Einfluss auf die Verarbeitung von Informationen nehmen. Das Resultat ist, dass Informationen besser verstanden, behalten, wieder abgerufen und transferiert werden können. Charakteristische Primärstrategien sind beispielsweise Strategien für das Textlernen.

Primärstrategien

Die Stützstrategien beeinflussen Funktionen, die auf den Informationsverarbeitungsprozess indirekt einwirken. Sie bringen den Prozess in Lauf, halten ihn aufrecht und steuern ihn. Unter diesen Strategien versteht man die Selbstmotivierung, Strategien der Aufmerksamkeitssteuerung und der Zeitplanung.

Stützstrategien

b) Allgemeine und spezifische Strategien

Eine Vielzahl allgemeiner Strategien sind für fast alle Lern- und Denkaufgaben sowie in verschiedensten Inhaltsgebieten anwendbar.

Allgemeine und spezifische Strategien

c) Prozess der Informationsverarbeitung

Die Informationsverarbeitung teilt sich in folgende Klassen auf: Stützstrategien affektiv-motivationaler Art, Wiederholungsstrategien (z.B. aktives Wiederholen und Hersagen), Elaborationsstrategien (Integration von neuem Wissen in eine bestehende kognitive Struktur), Organisationsstrategien (Zusammenfassung von Detailinformationen zu größeren Sinneinheiten) oder Kontrollstrategien (Wissen und Strategien, mit deren Hilfe der eigene Lern- und Denkverlauf kontrolliert und evaluiert wird). (www.reticon.de/Psychologie/voraussetzungen_inhalt/strategie_3.htm)

Klassen der Informationsverarbeitung

d) Mikro- und Makrostrategien

Betrachtung von zeitlich verschiedenen Lern- und Denkprozessen. (vgl. www.dfjw.org/paed/langue/hansmeier03.html)

Mikro- und Makrostrategien

Nachdem Sie einen Überblick über die Arten von Lern- und Denkstrategien bekommen haben, erfahren Sie in ▶▶ **TIPP 69 BIS 74** etwas über ihre Anwendung. Dazu an dieser Stelle noch folgende Information:

Ansatzpunkte zur
Förderung von Lern-
und Denkstrategien

Grundsätzlich gibt es zwei Ansatzpunkte, Lern- und Denkstrategien zu fördern:

- Direkter Einsatz von Lern- und Denkstrategien
  Der direkte Ansatzpunkt vermittelt dem Lernenden eine Palette von Strategien und Techniken, die er bewusst einsetzen kann, um erfolgreich zu lernen. Voraussetzung ist das Training von Lerntechniken, wobei dem Lernenden mitgeteilt wird, was zu trainieren ist und wie die Strategien vorteilhaft wirken.

- Indirekte Anwendung von Lern- und Denkstrategien
  Beim indirekten Einsatz handelt es sich um die Inhaltsvermittlung von Strategien und um Lernumgebung. Der Lernende wird dabei aufgefordert, sein Lernen selbstständig zu steuern und zu forcieren.

Tipp 68 Wenden Sie Lerntechniken an!

In einer Befragung junger Erwachsener über die praktizierten Lerntechniken bezüglich Zahlen, Faktenwissen und Prüfungsvorbereitung kamen folgende Resultate zum Vorschein:

Zahlenlernen

Von den meisten befragten Personen werden Zahlen entweder durch das Bilden von Eselsbrücken oder schlichtweg auswendig gelernt, indem sie ständig wiederholt und aufgeschrieben werden. Eine weitere verbreitete Methode ist die Abdecktechnik, bei der Zahlen aufgeschrieben, gelesen, abgedeckt und wiederholt oder durch andere Personen abgefragt werden.

Abdecktechnik

Eher technisch orientierte Personen erlernen Zahlen durch Bilden von Zahlenfolgen und Formeln. Hier sind auch erste Visualisierungsansätze zu verzeichnen: Zahlen werden durch Umwandlung in Geburtsdaten oder durch Rhythmisierung der Zahlenfolge gelernt. Bei der Eingabe eines PIN-Codes – etwa für das Handy – merken sich die meisten die Reihenfolge der Eingabe auf der Tastatur und nicht die Zahlen selbst.

Faktenlernen – Prüfungsvorbereitung

Beim Einprägen von Fakten gibt es schon intensivere Bemühungen. So werden unklare Fakten erst einmal logisch erklärt, zum besseren Verständnis bildlich, mithilfe von Schemata, aufgezeichnet. Bei unklaren Worten wird nach Informationen in Fachliteratur gesucht oder andere Personen werden gefragt. Zur Festigung des Wissens werden Übungsaufgaben gelöst, bis das Faktenwissen verstanden und eingeprägt ist. Viele arbeiten auch in Lerngruppen.

Übungsaufgaben

Aber auch Techniken wie das wiederholte Abschreiben von Wissensinhalten, die Nummerierung der zu lernenden Seiten, um immer den Überblick über den Umfang zu haben, bis hin zum Auswendiglernen durch ständiges Wiederholen und Abdecken der Fakten finden Anwendung.

Anhand eines kurzen Textes (s.u.) konnten die Interviewten am Ende ihre Lerntechnik verdeutlichen:

> Ein Zweibein sitzt auf einem Dreibein und isst ein Einbein. Da kommt ein Vierbein und nimmt dem Zweibein das Einbein weg. Da nimmt das Zweibein das Dreibein, schlägt das Vierbein und nimmt sich das Einbein zurück.

Auf die Aufgabe, diesen kleinen Text auswendig zu lernen, reagierten die Befragten sehr unterschiedlich. Generell wurden drei mögliche Lernvarianten festgehalten:

Drei Lernvarianten

- Zum einen versuchten die Befragten, den Vers in kürzester Zeit auswendig zu lernen.
- In der Mehrheit erstellten sie anhand der Zahlen eine logische Reihenfolge oder zogen Zahlen zu Zahlenpaaren zusammen, um diese auswendig zu lernen.
- In vier Prozent der Fälle kamen visuelle Methoden wie die Assoziation der Zahlwörter mit Bildern, Bildabläufen oder einer Geschichte zum Einsatz.

Abb. 17: Lerntechniken in der Anwendung

📖 **69** Organisieren Sie Ihren Lernstoff!

„Die Organisation des zu lernenden Materials zu größeren Einheiten ermöglicht es, die Menge der dort repräsentierten Informationen zu vervielfachen." (Metzig/Schuster 1998, S. 129)

Kurzzeitgedächtnis

Der Unterschied zwischen dem Langzeitgedächtnis und dem Kurzzeitgedächtnis liegt eindeutig in der Speicherkapazität begründet. Vergleicht man die beiden Systeme mit einer Bibliothek, so entspricht der Kurzzeitspeicher einer begrenzten Bibliothek mit ungefähr sieben plus/minus zwei Stellplätzen. Wenn die Stellplätze alle belegt sind und neue Bücher dazu kommen, müssen alte herausgenommen werden. Benötigt man ein gewünschtes Buch, so braucht man nicht lange zu suchen, da der Überblick gegeben ist.

Langzeitgedächtnis

Das ist beim Langzeitgedächtnis anders, welches sich mit einer großen Bibliothek vergleichen lässt, in der unbegrenzt viele Stellplätze zur Verfügung stehen. Das Problem bei dieser Bibliothek liegt im Auffinden benötigter Informationen. Deshalb verfügt eine große Bibliothek über eine Ordnung, die festlegt, welches Buch an welchem Platz zu stehen hat. Die Leistungsfähigkeit der Bibliothek (ergo des Langzeitgedächtnisses) hängt folglich von einer guten Organisation ab.

Es kommt aber auch vor, dass Bücher über Jahre nicht mehr benutzt werden und man diese deshalb nicht mehr so leicht auffinden kann. Genauso ist es mit den gespeicherten Informationen im Gedächtnis. Bei Nichtgebrauch verliert sich die Spur zum Zentralnervensystem.

EINMAL GESPEICHERTE INFORMATIONEN KÖNNEN NICHT SO EINFACH VERSCHWINDEN; SIE MÜSSEN NUR DURCH GEEIGNETE SCHLÜSSELREIZE AKTIVIERT UND ZURÜCKGEHOLT WERDEN.

Deshalb ist es auch nicht verwunderlich, wenn viele Menschen nach Prüfungen meinen, sie hätten die Antworten auf bestimmte Fragen gewusst, die Fragen des Prüfers jedoch seien nicht deutlich gewesen.

Wenn Informationen nicht ohne weiteres abrufbar sind, sind sie entweder am falschen Platz eingeordnet oder der Zugang zur Information wurde nicht ausreichend dokumentiert.

So genannte Lernhilfen sollen uns vor dem Informationsverlust schützen und Abrufstrategien bereitstellen. Dies setzt aber voraus, dass Informationen sortiert und zusammengefasst werden.

Lernhilfen stellen Abrufstrategien bereit

Damit Informationen schnell abrufbar sind, werden sie nach Merkmalen im Gehirn strukturiert. Anhand von Versuchsreihen wurden folgende Techniken nachgewiesen:

- Gruppierung nach dem ähnlichen Klangbild gemeinsam auftretender Wörter,
- Wiedergabe der exakten Reihenfolge gelernter Wörter,
- Erinnerung an Wörter mit gleicher Buchstabenanzahl,
- Reproduktion bedeutungsgleicher Wörter.

Die Organisation im Gehirn erfolgt entweder nach Bedeutungsinhalten oder nach orthografischen, phonemischen oder syntaktischen Merkmalen. So ergibt sich für jede zu erlernende Information eine Kategorie, die im Gehirn schon vorgegeben ist, wie die Schubladen in der Apotheke.

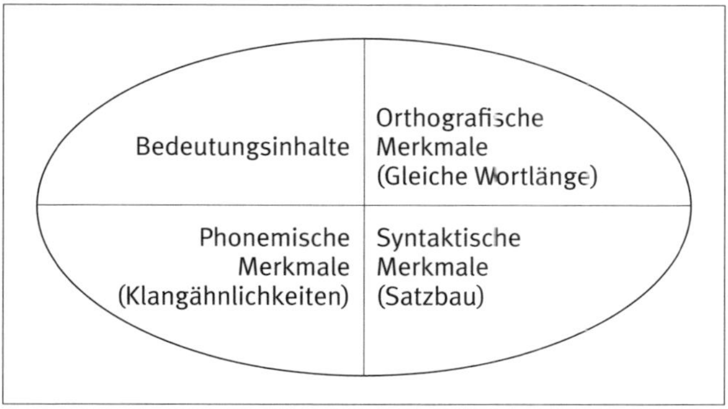

Organisation von Wissensinhalten im Gehirn

Abb. 18: Organisation im Gehirn

Das ist Ihnen sicher auch schon passiert: Sie treffen jemanden, der Ihnen bekannt vorkommt, und sind sich sicher, ihn zu kennen, doch wie heißt er bloß? Der Name liegt ihnen sprichwörtlich auf der Zunge, die Information ist aber nicht abrufbar.

Vergesslichkeit

Vergesslichkeit ist keine Frage des Alters. Manche Menschen lässt das Gehirn schon im Alter von 30 Jahren im Stich. Manchmal steckt dahinter eine ernsthafte Krankheit, in den meisten Fällen jedoch ist es schlicht mangelndes Training.

DAS GEHIRN IST EIN „MUSKEL", DER BEWEGT WERDEN MUSS, UM NICHT ZU VERKÜMMERN.

Die Körperhaltung hat Einfluss auf die Merkfähigkeit

Allein die Körperhaltung des Menschen hat wesentlichen Einfluss auf die Merkfähigkeit. Schon im Stehen ist man um zehn Prozent merkfähiger als im Liegen. Die besten Erfolge bei der Steigerung der Merkfähigkeit erzielt man, indem man den Körper gleichzeitig tätig werden lässt.

Wenn man etwas vergisst, ist manchmal nicht das mangelnde Erinnerungsvermögen dafür verantwortlich, sondern es liegt an der fehlenden Aufmerksamkeit. Wer nicht richtig zuhört oder hinschaut, dem entgehen unter Umständen wichtige Details, an die er sich später dann nicht mehr erinnern kann.

Damit Ihnen keine wichtigen Informationen entgehen und Ihr Gehirn stets fit ist, probieren Sie Folgendes aus, um Ihr Gehirn zu trainieren.

Trainieren Sie Ihr Gehirn ▪ PRAXIS

Wer sich regelmäßig mit Neuem beschäftigt, trainiert seine Merkfähigkeit

- Lesen Sie die Tageszeitung? Ich meine nicht den Lokalteil, den Sie jeden Tag studieren. Versuchen Sie es mit der Wirtschaftsseite oder der Kultur- oder Politikbeilage. Indem Sie sich regelmäßig mit Neuem beschäftigen, kurbeln Sie Ihre Merkfähigkeit deutlich an.

- Nehmen Sie sich ein Blatt Papier und schreiben Sie auf, wie viele Bundesländer Deutschland hat und wie sie heißen, nennen Sie die Namen aller Bundesminister oder versuchen Sie, so viele Wörter wie möglich mit den Anfangssilben „Ent-", „Ver-" und „Schw-" herauszufinden. Das Ganze lässt sich auch gut als Wettspiel in kleinen Gruppen praktizieren!

- Versuchen Sie, sich den gestrigen Tag noch einmal detailliert vor Augen zu führen. Was haben Sie zum Frühstück gegessen? Wie war das Wetter? Welche Kleidungsstücke haben Sie getragen? Was haben Sie am Vormittag, was am Nachmittag gemacht? Welche Menschen haben Sie getroffen? Mit wem haben Sie telefoniert? Was haben Sie eingekauft? Welches Buch haben Sie gelesen, welche Fernsehsendung haben Sie sich angeschaut?

Tipp 70 Lernen Sie die Techniken der Lernstofforganisation!

Wie Sie in ▶ TIPP 69 nachlesen können, werden eingehende Informationen im Gehirn nach Kategorien sortiert. Diese Einteilung kommt der Reproduktion von kategorisierten Begriffen zugute. Voraussetzung für die Abrufbarkeit ist jedoch einerseits, dass die Informationen am richtigen Platz eingeordnet sind, und andererseits, dass Sie über eine Strategie verfügen, die die Generierung von Informationen möglich macht.

Informationen werden im Gehirn nach Kategorien sortiert

Um das Ziel einer effektiven Lernstofforganisation zu erreichen, gibt es eine Reihe von Techniken, die Sie sich aneignen sollten. Das sind im Einzelnen folgende:

- Hierarchischer Abrufplan (▶ TIPP 71)
- Netzplantechnik (▶ TIPP 72)
- Struktur des Lernstoffs (▶ TIPP 73)
- Advance Organizer (▶ TIPP 74)

Tipp 71 Nutzen Sie den hierarchischen Abrufplan!

Im hierarchischen Abrufplan erfolgt eine Gruppierung von Informationen, indem Abrufhilfen bereitgestellt werden, die das Erinnerungsvermögen verbessern:

Abrufhilfen sollen das Erinnerungsvermögen verbessern

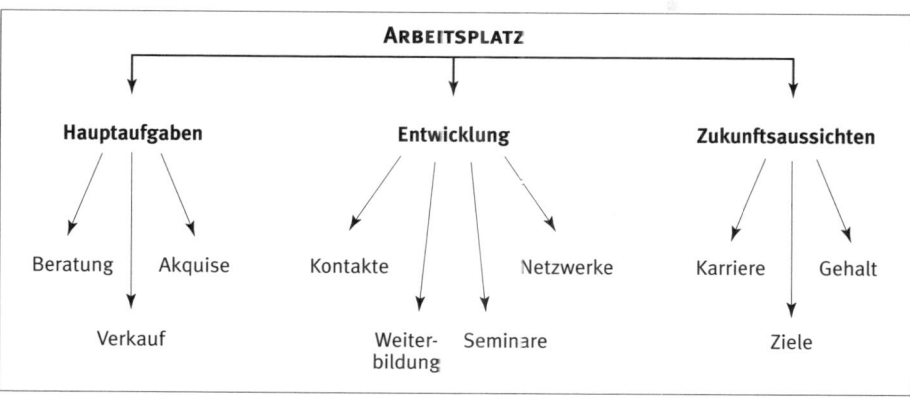

Abb. 19: Abrufplan am Beispiel des Wortes „Arbeitsplatz"

So werden Kategorien und Kategorienamen festgelegt, die zum Auffinden von Informationen im Speichersystem dienen.

Die Bildung der Kategorien ist personenabhängig; sie können aus der Logik, aus dem Inhalt des Lernstoffes oder aus individuellen Vorstellungen gebildet werden.

Tipp 72 Arbeiten Sie mit der Netzplantechnik!

Diese Technik setzt voraus, dass wir bereits über Verständnis der Begriffe einer Thematik verfügen und diese in Zusammenhang gestellt haben.

Darstellung der Gedanken als Knotenpunkte

Aufgabe der Netzplantechnik ist es, die Gedanken grafisch als Knotenpunkte und die Beziehungen untereinander als Verbindungslinien darzustellen. Dies ermöglicht eine simultane Verarbeitung aller wesentlichen Informationen des Lernstoffes und deren Beziehung zueinander.

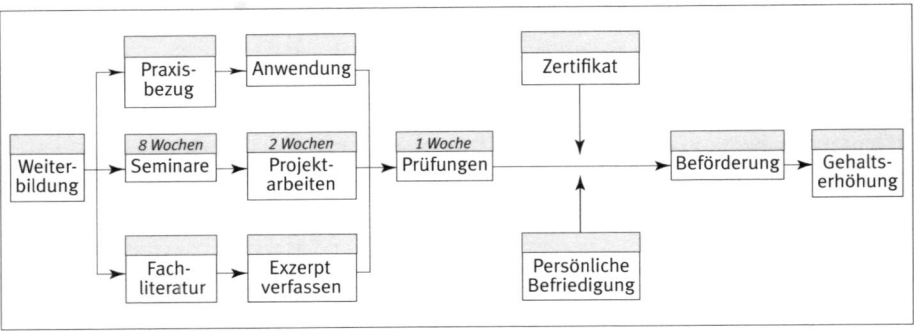

Abb. 20: Beispiel für die Netzplantechnik

Tipp 73 Strukturieren Sie Ihren Lernstoff!

Verschieden dargestellte Texte mit gleichem Sachverhalt werden unterschiedlich gelernt, wie Studien beweisen. Dies lässt sich anhand der folgenden drei weitgehend voneinander unabhängigen Dimensionen aufzeigen. Nutzen Sie diese Erkenntnisse bei der Aufbereitung Ihres Lernstoffes!

Einfachheit

Die Darstellung einfacher Texte anhand kurzer Sätze und geläufiger Wörter in korrekter, anschaulicher Form erleichtert es uns, eine bildhafte Vorstellung zu bekommen.

Gliederung und Struktur

Für die Organisation eines Textes sind zwei Aspekte zentral:

1. Wichtig sind die innere Gliederung, bei der es um die Folge-richtigkeit von Informationen in einem Satz geht, und die äußere Gliederung, bei der es um die Abtrennung von Wesentlichem und Unwesentlichem und das Zusammenfassen und Hervorheben von Textstellen geht.

Innere und äußere Gliederung

2. Bezogen auf die Verständlichkeit von Texten kommt es auf den so genannten „roten Faden" an. Denn von der Struktur eines Satzes hängt es ab, ob wir die vermittelten Informationen auch behalten werden.

Der „rote Faden"

Prägnanz und zusätzliche Stimulans

Wie ein Sprichwort schon sagt: „In der Kürze liegt die Würze." Knappe prägnante Sätze sind einprägsamer als weitschweifend umschriebene Informationen. Ideal ist eine Mischung aus anregenden, interessanten, persönlichen und abwechslungsreichen Schilderungen, die die nötige Aufmerksamkeit erregen.

Die Notwendigkeit der unterschiedlichen Gestaltung von Texten ergibt sich zudem aus individuellen Faktoren wie Schulbildung, Alter etc.

Tipp 74 Speichern Sie Informationen mit dem Advance Organizer!

Allgemeine Texte, die die Grundgedanken des Lernstoffes verständlich zusammenfassen, nennt man Advance Organizer. Von der Annahme ausgehend, dass der Lernende bereits über vorhandenes Wissen zu einer bestimmten Thematik verfügt, soll der Advance Organizer die Einordnung von hinzugewonnenen Informationen erleichtern.

Advance Organizer: Texte, die die Grundgedanken des Lernstoffs zusammenfassen

MACHEN SIE SICH ALSO DURCH DIE VORABINFORMATION ZU UNBEKANNTEN TEXTEN VOR DER BEARBEITUNG EIN BILD.

Das erleichtert die Erinnerung an wahrgenommene Informationen. Der Advance Organizer trägt damit zum Erwerb von allgemeinen Konzepten bei und fördert so eine bessere Wissens- und Anwendungsleistung.

Teil XIV WIE SIE IHR VISUELLES VORSTELLUNGS-VERMÖGEN TRAINIEREN KÖNNEN

Diesen Teil sollten Sie lesen, wenn Sie mehr darüber erfahren möchten, welche Trainingsmethoden es gibt, die visuellen Vorstellungen zu verbessern, und wie Sie beim Fernsehen, Lesen und Zuhören durch gezieltes Mitschreiben Ihre eigenen Bilder im Kopf entwerfen und dadurch verankern.

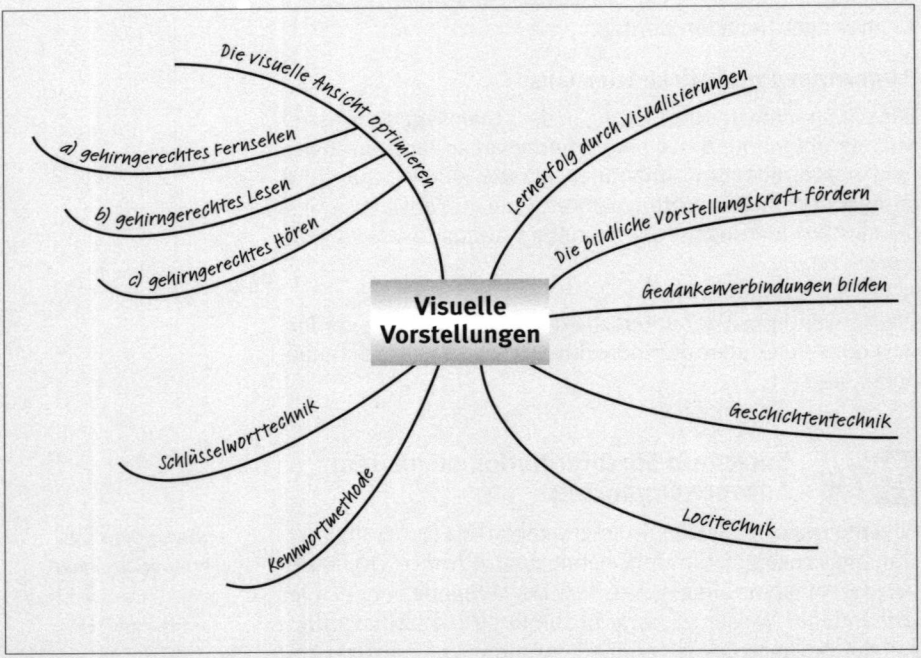

Abb. 21: Visuelle Vorstellungen

Tipp 75 Optimieren Sie Ihren Lernerfolg durch Visualisierungen!

Tagtäglich sehen wir große Werbeplakate, die die Straßen zieren. Sie übermitteln uns ihre Botschaft auf einem Blick. Und genau das unterscheidet das Bild von der Schrift: Es wird schneller aufgenommen als geschriebener Text. Gerade in der Werbebranche sind aussagestarke Bilder von großer Bedeutung, sie können aber auch wirkungsvoll unser Lernverhalten unterstützen.

Bilder werden schneller aufgenommen als Text

Lernpsychologische Hintergründe spielen bei dem Erklärungsansatz, warum uns Bilder schwierige Sachverhalte leichter verstehen lassen, eine große Rolle.

BILDER ERHÖHEN IM GEGENSATZ ZU LANGATMIGEN UND OFT ERMÜDENDEN VORTRÄGEN DIE LERNLEISTUNG UND ERZEUGEN AUFMERKSAMKEIT.

Durch eine Kombination von Bildern und Text werden mehrere Sinnesorgane angesprochen. Durch diese abwechselnden Sinneseindrücke erhöht sich auch die Lernleistung, denn sobald eine Information mehrere Sinneskanäle passiert, fällt die Aufnahme und anschließende Speicherung dieser Information leichter.

Durch eine Kombination von Bild und Text fällt die Speicherung der Informationen leichter

Der folgenden Abbildung können Sie Näherungswerte für das entnehmen, was wir im Gedächtnis behalten.

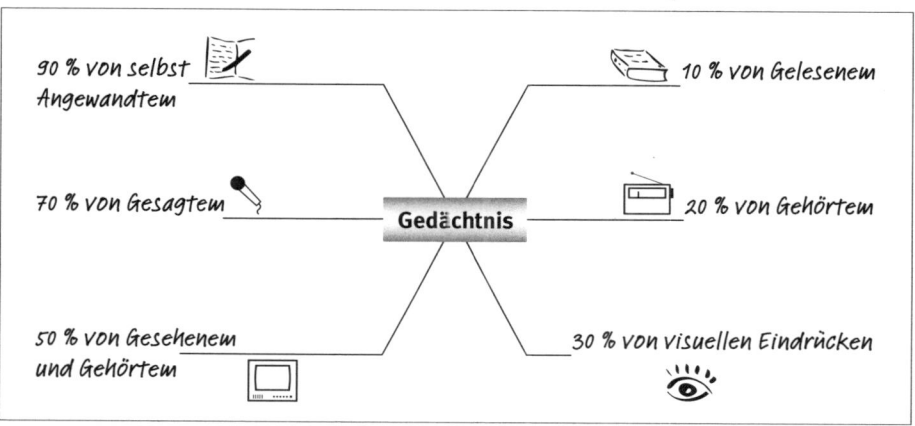

Abb. 22: Gedächtnis

Definition: Visualisierung

Unter Visualisierung versteht man die „Übersetzung" komplexer Informationen und Daten in leicht zu verarbeitende bildliche Darstellungen. Meist soll verwirrendes Zahlenmaterial in möglichst anschauliche und übersichtliche Diagramme gefügt werden, um eine Kernaussage zu unterstützen.

Durch den Einsatz verschiedenartiger Hilfsmittel wie Bilder, Grafiken, Symbole oder Diagramme kann man sich neuen Lernstoff wie eine Bilderkette merken.

BEISPIEL

Betrachten Sie einmal Ihr Telefon und versuchen Sie es danach ausführlich zu beschreiben.

Zu welchem Ergebnis sind Sie gekommen? Hätten Sie gedacht, dass Sie sich nur so vage an die Details erinnern? Vermutlich haben Sie sich an die Grundstrukturen Ihres Telefons erinnern können. Aber wussten Sie beispielsweise noch, wo genau die Sternchentaste ist?

Bei der Wiedergabe von detaillierten Merkmalen kommt es oft zu Abweichungen vom wirklichen Aussehen. Markante Kriterien wie Farbe oder Aussehen bleiben eher in Erinnerung als Details. So kann man festhalten, dass unser Gedächtnis sehr gut visuelle Informationen speichert, bei der mentalen Vorstellung jedoch auf gespeicherte Muster zurückgreift.

Studien haben bewiesen, dass visuell dargebotenes Material leichter und anhaltender gespeichert wird als rein sprachliches. Natürlich kommt es auf ein gutes Verhältnis zwischen Bildern und Worten an. Denn Bilder haben die Funktion, das Komplexe, in Schrift Gefasste als optisch leicht Fassbares darzustellen, um das Abrufen der Information zu unterstützen.

Tipp 76 Fördern Sie Ihre bildliche Vorstellungskraft!

Memory

Kennen Sie Memory und haben Sie das Spiel in letzter Zeit einmal gespielt? Die Bilderkarten werden umgedreht auf den Tisch gelegt und die Mitspieler müssen durch Umdrehen die passenden Bilderpaare finden. Kinder sind Erwachsenen meist haushoch überlegen, denn die natürliche Gabe der Visualisierung garantiert bei Memory großen Erfolg.

Doch diese hervorragende Fähigkeit wird uns ab dem Schulalter systematisch abgewöhnt. Man lernt abstrakt zu denken, logische Schlüsse zu ziehen und komplizierte Zusammenhänge zu verstehen. Die natürliche Gabe der Visualisierung gerät dabei in Vergessenheit.

Die neue Methode des Gedächtnistrainings basiert auf der Memotechnik der Visualisierung.

Gedächtnistraining: die Memotechnik der Visualisierung

DER TRICK DABEI IST, TROCKENE FAKTEN IN MÖGLICHST LEBENDIGE BILDER ZU VERWANDELN.

Dabei ist es gleichgültig, ob die Bilder über die Sinne aufgenommen werden oder ob es bloße Phantasiebilder sind. Je extravaganter, desto besser. Das Gedächtnis behält sehr viel leichter Bilder als Zahlen, Namen oder Fakten.

BEISPIELE

- Nehmen Sie sich ein Kartenspiel und mischen Sie die Karten. Anschließend ziehen Sie acht Karten heraus und prägen sich diese gut ein. Mischen Sie die Karten nun wieder unter den Stapel. Jetzt blättern Sie das Kartenspiel durch und versuchen, alle acht Karten wiederzufinden.
- Nehmen Sie die Rätselseite Ihrer Tageszeitung zur Hand und versuchen Sie, den Irrgartenweg, anstatt den Kugelschreiber zur Hilfe zu nehmen, in Gedanken durchzugehen.
- Versuchen Sie, sich die folgenden Gegenstände in 30 Sekunden gut einzuprägen und decken Sie diese anschließend ab, um sie zu reproduzieren.

Abb. 23: Symbole

Tipp 77 Bilden Sie Gedankenverbindungen!

Tipp 77

Bildhafte Verkuppelung einzelner Informationen

Diese Technik basiert auf der Verbindung von Informationen zur Verbesserung der Erinnerungsfähigkeit, indem einzelne Informationen bildhaft verkuppelt werden. Dies erfolgt in zwei Schritten:

1. Es wird zu jeder zu lernenden Information eine visuelle Abbildung geschaffen.
2. Nun werden die Bilder zu einer Kette verknüpft, indem an die bereits bestehende Bilderkette ein neues Glied angehängt wird.

Assoziationskette: Durch Reproduktion eines Bestandteils werden auch die übrigen Bestandteile hervorgerufen

Auf diese Weise entsteht eine Assoziationskette, die durch Reproduktion eines Bestandteils auch die übrigen Glieder der Kette hervorruft. Am Beispiel eines Tagesplanes soll dies demonstriert werden:

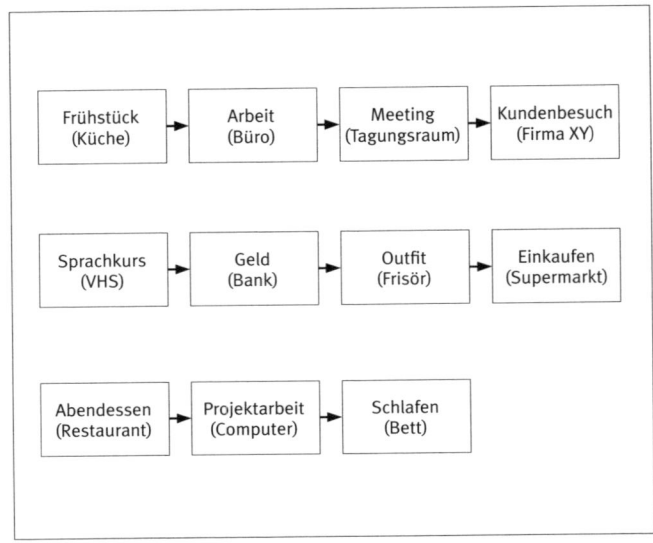

Abb. 24: Gedankenverbindungen am Beispiel eines Tagesplans

Eine solche Methode eignet sich in besonderem Maße für das Erlernen von Informationen in festgelegter Reihenfolge, wie eben dem Erstellen von Tagesablaufplänen, Referaten oder Einkaufslisten.

Tipp 78   Nutzen Sie die Geschichtentechnik!

Ein weiteres Verfahren, zerstreute Informationen zu verknüpfen, um sich an sie zu erinnern, ist, sie in einer Geschichte darzustellen.

Anders als bei den assoziativen Verbindungen werden bei der Geschichtentechnik Fakten in einen logischen Zusammenhang gebracht. Es werden also einzelne Fakten in (Bild-)Geschichten umgewandelt. Bei dieser Methode können auch visuelle Vorstellungen zum Einsatz kommen, die den Effekt um einiges erhöhen.

Fakten werden in einen logischen Zusammenhang gebracht

Die in den nachfolgenden Beispielen aufgeführten Begriffe sollen nun also zu einer bildhaften Geschichte zusammengefügt werden, um die Begriffe in der vorgegebenen Reihenfolge zu lernen.

BEISPIEL 1

Bücher – Regal – Büro – Professor – Notizen – Papier – Stifte – Mülleimer – Computer

Eine zugehörige Geschichte könnte lauten:

Ein paar alte Bücher stehen im Regal eines Büros. Sie werden von einem Professor durchgearbeitet, der sich Notizen auf Papier mit seinen eigens bedruckten Stiften macht. In der Eile verschreibt er sich und wirft sie deshalb in den Mülleimer, bevor er sie in den Computer eingibt.

Brauchen Sie wirklich immer einen Zettel, wenn Sie einkaufen gehen? Versuchen Sie es einmal anders. Am einfachsten geht es, wenn Sie sich die Gegenstände bildlich vorstellen und miteinander verbinden.

BEISPIEL 2: EINKAUFSLISTE

Kaffee – Milch – Zucker – Süßstoff – Waschpulver – Sekt – Wein – Mehl vom Bauern – Tomaten – Zwiebeln – Baguette – Äpfel   →

Mögliche Geschichte:

Für eine gemütliche Kaffeerunde brauche ich Kaffee. Außerdem gehören dazu Milch von der Kuh, Zucker für meine Freundin Anne, Süßstoff für Kerstin, die keinen Zucker verwenden darf. Beim letzten Besuch hat Kerstin die Tasse umgeworfen, daraufhin habe ich die Tischdecke gleich mit gutem Waschpulver gewaschen.

Auf diesen Schreck haben wir uns ein Glas Sekt gegönnt, obwohl Sandra lieber Wein trinkt. Am Abend haben wir dann ein Lagerfeuer gemacht, in dem wir uns Stockbrote aus dem Mehl vom Bauern machten. Dazu haben wir Tomatensalat mit Zwiebeln und leckere Käsebaguettes gegessen. Zum Schluss gab es für jeden noch einen Apfel.

Tipp 79 Visualisieren Sie mit der Locitechnik!

Bereits die Griechen und Römer benutzten diese – als älteste Technik der Geschichte bekannte – Methode, um sich die wichtigsten Anhaltspunkte ihrer Reden zu merken.

Informationen werden gedanklich mit Orten verknüpft

Bei der Locitechnik werden die zu lernenden Informationen mithilfe von verschiedenen bekannten und in Verbindung stehenden Orten oder Plätzen verknüpft. Die visuellen Vorstellungen des Lernstoffes werden dann mit den unterschiedlichen, aneinander gereihten Orten bildhaft assoziiert.

Um die Informationen in der gelernten Reihenfolge abzurufen, wird der Weg gedanklich von Ort zu Ort durchlaufen und damit das Wissen zurück transferiert.

Wie bei der Technik der assoziativen Verbindung eignet sich auch die Locitechnik zum Einprägen von Informationen in vorgegebener Reihenfolge, wobei Informationen vor- und rückwärts erinnert werden können. Allerdings werden bei der Locitechnik die visuellen Vorstellungen unabhängig von dem zu lernenden Material verwendet.

Zur Anwendung der Locitechnik empfiehlt es sich, über gegliederte, gut organisierte und sicher abrufbare Reihenfolgen von Orten zu verfügen. Verwendet werden können beispielsweise Räumlichkeiten wie bekannte Häuser oder das Büro, regelmäßig begangene Wege, Sitzordnungen oder auch der menschliche Körper.

Beispiel 1

Anhand des Aufbaus des menschlichen Körpers wird eine Einkaufsliste zusammengestellt. Die aufgelisteten Dinge werden dann mit den einzelnen Körperteilen verbunden, wobei in diesem Beispiel am Fuß des menschlichen Wesens angefangen wurde.

Einkaufsliste: Knoblauchzehe – Käse – Sportstulpen – Kekse – Eisbein – Schinken – Speck – Gürtel – Beruhigungstee – Tuch – Pullover – Handcreme – Kette – Creme – Pomade – Lidschatten – Pinzette – Shampoo

1. Zehe: Knoblauchzehe	10. Schultern: Tuch
2. Fuß: Käse	11. Arme: Pullover
3. Wade: Sportstulpen	12. Hände: Handcreme
4. Knie: Kekse	13. Hals: Kette
5. Oberschenkel: Eisbein	14. Gesicht: Creme
6. Hintern: Schinken	15. Lippen: Pomade
7. Bauch: Speck	16. Augen: Lidschatten
8. Taille: Gürtel	17. Augenbraue: Pinzette
9. Herz: Beruhigungstee	18. Haare: Shampoo

Lange Einkaufslisten kann man sich aber auch anders einprägen: Gehen Sie in der Fantasie durch Ihre Wohnung und bauen Sie bei diesem Rundgang die zu kaufenden Dinge ein.

Beispiel 2

Im Schlafzimmer steht eine Milchflasche auf dem Nachtschränkchen. Im Badezimmer nebenan schwimmt ein Fisch in der Badewanne. Er hat eine Zahnbürste in der Flosse und putzt sich die Zähne mit Zahncreme. Im Katzennapf in der Küche liegt ein Stück Torte und auf dem leeren Teller steht eine Dose Katzenfutter. Auf dem Wohnzimmertisch ist eine Packung Nudeln ausgekippt und der Teppich ist mit Reis übersät. Als Sie aus der Haustür treten, rutschen Sie auf einer Bananenschale aus.

Was beinhaltet Ihre Einkaufsliste?

Tipp 80 Nutzen Sie die Kennwortmethode!

Ähnlich wie bei der Locitechnik (▶ **TIPP 79**) werden auch bei der Kennwortmethode die zu lernenden Begriffe mit vorhandenem Wissen verknüpft.

DIE BEKANNTEN BEGRIFFE – HIER ALSO KENNWÖRTER – WERDEN IN EINER REIHENFOLGE MIT DEM LERNSTOFF IN VERBINDUNG GEBRACHT, BEISPIELSWEISE MITHILFE DES ALPHABETS.

Aber auch mithilfe von Reimen können einzelne Elemente nach Belieben gelernt und abgerufen werden. In der Praxis findet sie Anwendung durch Checklisten für Autopannen, Reisevorbereitung oder auch Gesundheitschecklisten (zum Beispiel Liste Urlaubsreise: A = Adresse, B = Bordkarte, C = CDs etc.).
Die Kennworttechnik ist besonders hilfreich zum Abruf von einzelnen Informationen.

Tipp 81 Lernen Sie mit der Schlüsselworttechnik!

Vokabeln werden mit der eigenen Muttersprache in Verbindung gebracht

Die Schlüsselwortmethode wurde entwickelt zum Erlernen fremdsprachigen Vokabulars. Hierbei müssen wir die fremdsprachigen Vokabeln mit der eigenen Muttersprache in Verbindung bringen, indem wir
- zunächst Wörter auswählen, die ähnlich klingen wie die zu erlernende Sprachvokabel,
- und in einem zweiten Schritt die plastische Darstellung des Schlüsselwortes mit der Übersetzung verbinden.

Auf diese Weise wird die Fremdsprachenvokabel akustisch mit dem Schlüsselwort in Verbindung gebracht und das Schlüsselwort bildlich mit der Übersetzung verknüpft. Wichtig: Jedes Schlüsselwort sollte nur einmal benutzt werden.

Wie in Studien nachgewiesen wurde, kann die Schlüsselwortmethode auch bei der Aneignung von Fakten, beispielsweise aus der Biologie, Geschichte oder Geografie, hilfreich sein, denn auch hier wird unter Vorgabe von Schlüsselworten leichter gelernt.

BEISPIEL

„eye" (engl.): das Auge
- Klingt wie das „Ei" im Deutschen.
- Ein liegendes Ei hat außerdem die Form eines Auges.

82 Optimieren Sie Ihre visuelle Ansicht!

Das bloße Lernen von Informationen reicht bei der Fülle des Lernstoffes oft nicht mehr aus. Vielmehr werden Lernhilfen benötigt, die den Lernstoff leicht einprägsam machen und einen Schlüsselreiz zur Wiedergabe schaffen.

Dazu ist es wichtig, konkretes, nicht abstraktes Material zu verwenden (beispielsweise anstatt das Wort Frieden zu lernen, sich eine Friedenstaube vorzustellen). Außerdem müssen Informationen bildhaft verbunden und eine Beziehung zwischen ihnen hergestellt werden, die so genannte Interaktion.

Interaktion: bildhafte Verbindung von Informationen

UM DIE GEDÄCHTNISLEISTUNG ZU MAXIMIEREN, EMPFIEHLT ES SICH, INNERE BILDER SO LEBHAFT UND AKTIV WIE MÖGLICH DARZUSTELLEN.

So lassen sich die Farben Blau und Weiß und dazu Vögel als ein blauer Himmel mit vorbeiziehenden weißen Wolken und Vögeln verdeutlichen.

Ein weiterer Faktor, die optische Darstellung in Höchstform zu bringen, ist der emotionale Teil der visuellen Vorstellung, wobei es zwischen negativen und positiven Emotionen keine Unterschiede in der Gedächtnisleistung gibt.

Manchen Menschen fällt es leichter, zu erlernende Fakten zu visualisieren, wenn sie verrückt, unlogisch, absurd, unmöglich oder auch merkwürdig sind. Bei der Lernhilfe der Visualisierung empfiehlt es sich, größtenteils auf eigene Bilder zurückzugreifen, da sie der eigenen Persönlichkeit entsprechen und damit verständlicher und einprägsamer sind.

Sollten Sie an dieser Stelle einwenden, nicht die Zeit zu haben, um sich bewusst Bilder zu machen, dann denken Sie einmal daran, wie viel Zeit Sie sparen, wenn Sie gehirngerecht denken. Während Sie in Zukunft Informationen aufnehmen und sie bereits verarbeiten, sind andere noch damit beschäftigt, sich Notizen zu machen, und verpassen dabei wichtige Details.

So optimieren Sie Ihre visuelle Ansicht: **PRAXIS**

Gehirngerechtes Fernsehen

Wenn Sie sich einen wissenschaftlichen Beitrag oder Nachrichten anschauen, wollen Sie informiert werden. Gehirngerechte Beiträge sind kombiniert aus zueinander passenden bildlichen und vertonten Informationen, was in der Regel bei wissenschaftlichen Beiträgen eher selten anzutreffen ist. Stattdessen werden Informationen bekannt gegeben, nicht aber die dazu passenden Bilder geliefert. Sie können Ihr Gedächtnis jedoch trainieren.

Gehen Sie dabei folgendermaßen vor:

- Nehmen Sie einen Notizblock und schreiben Sie während der Sendung alle genannten Zahlen und Namen auf.

- Direkt danach bereiten Sie die Zahlen auf, machen sich selbst anhand von Diagrammen einen Überblick und bringen diese in Skizzen nieder. Bei Fallbeispielen notieren Sie sich ein Stichwort, bei Experimenten zeichnen Sie die Abfolge auf.

- Dann bearbeiten Sie die Notizen, indem Sie versuchen, die Information zu reproduzieren.

Gehirngerechtes Hören

Gehirngerecht hören beim Telefonieren

Beherrscht man einmal die Technik des Visualisierens, so fällt es beim Telefonieren nicht schwer, sich bei klarer Aussprache des Gesprächspartners Bilder vorzustellen.

In den meisten Fällen jedoch drücken sich die Personen unklar aus, sagen selten, was sie eigentlich meinen, oder wissen gar nicht, was sie sagen. In diesem Fall kommt es darauf an, gezielte Rückfragen zu formulieren, um die notwendigen Informationen zu erhalten. Darüber hinaus wird hierdurch die Kommunikation gefördert, denn jede Frage, die Sie stellen, zeigt, dass Sie interessiert sind.

Gehirngerechtes Lesen

- Verschaffen Sie sich zunächst einen Überblick über das Buch, indem Sie die Informationen auf dem Buchdeckel lesen, das Inhaltsverzeichnis durchgehen, die Zwischenüberschriften lesen und Abbildungen – sofern vorhanden – genau betrachten. Damit haben Sie erste Informationen.

- Im zweiten Schritt schreiben Sie auf, was Ihnen die Lektüre des Buches bringen soll und was Sie bereits über das Thema wissen.

- Formulieren Sie dann zu jeder Kapitelüberschrift eine Frage. Das lenkt ihre Konzentration verstärkt auf die Thematik und lässt Sie aufmerksamer lesen. Dann verbildlichen Sie das Gelesene – etwa mit einer Vielzahl von Farben (▶ Tipp 9) – und, wenn es hilfreich ist, anhand eines Beispiels.

- Nach der Lektüre überprüfen Sie, was sie gelernt haben und ob Ihre Fragen beantwortet wurden.

Teil XV WELCHE TECHNIKEN SIE BEIM ZAHLEN- UND BUCHSTABENLERNEN UNTERSTÜTZEN

Diesen Teil sollten Sie lesen, wenn Sie mehr darüber erfahren möchten, auf welche erprobte Lerntechniken Sie beim Lernen von Zahlen und Buchstaben zurückgreifen können und welche Verbindungen dabei eine Rolle spielen.

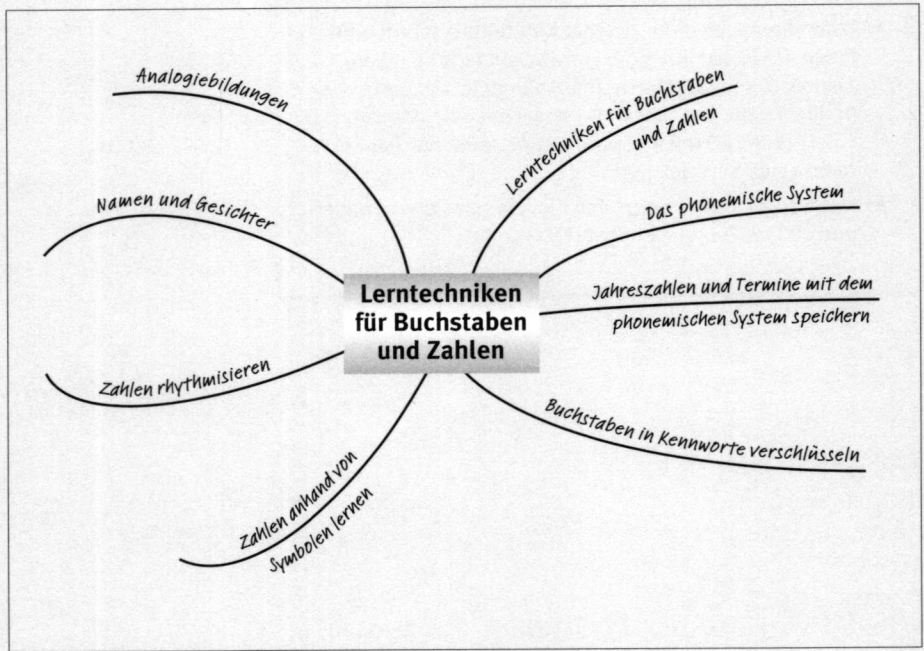

Abb. 25: Lerntechniken für Buchstaben und Zahlen

Tipp 83 — Erfahren Sie mehr über Lerntechniken für Zahlen und Buchstaben!

Informationen werden im Gedächtnis nicht nur nach der Bedeutung, sondern auch nach dem Wortklang sortiert (▶ TIPP 88). So werden bei der Reproduktion von Wissen auch Wörter in Erwägung gezogen, die den gleichen Anfangsbuchstaben haben oder ähnlich klingen wie das gesuchte Wort. Die Klangähnlichkeit kann also helfen, ein gesuchtes Wort aufzufinden. Das kennen Sie vielleicht aus Gedichten und Reimen, in denen das letzte Wort einer Zeile an das letzte Wort der nächsten Zeile erinnert.

Wissensinhalte werden im Gehirn auch nach dem Wortklang sortiert

Bei Zahlen, Daten oder Formeln fällt das schwerer, insbesondere dann, wenn man zudem über wenig Hintergrundinformationen verfügt.

ES EMPFIEHLT SICH DAHER, DEN SINN BESTIMMTER DATEN BILDHAFT ZU ERKLÄREN.

So können die im Unterricht verwendeten historischen Zahlen beispielsweise anhand eines TV-Spots oder Filmausschnittes in Bildern verbunden und damit aufbereitet werden.

Man kann Zahlen auch in Form von Charts und Diagrammen bildhaft darstellen. Diese gehirngerechte Darstellung erlaubt es, die linke und rechte Gehirnhälfte gleichzeitig zu versorgen. Wenn man hingegen nur mit der linken Seite des Gehirns denkt und arbeitet, fällt einem das Verständnis schwerer. Man meint dann, man habe kein gutes Gedächtnis oder die Information sei zu trocken.

Darstellung von Zahlen in Form von Charts und Diagrammen

Anderes Beispiel: Sich an eine Telefonnummer zu erinnern, ist manchmal ziemlich schwer. Man kann natürlich versuchen, sich die Nummer einzuprägen, indem man sie auswendig lernt. Viel leichter jedoch wird es, wenn man die Telefonnummern kodiert, das heißt, jede Zahl in ein Bild umsetzt.

Wir alle benutzen Abkürzungen im täglichen Leben, aber nur solche, mit denen wir vertraut sind. Bearbeiten wir zum Beispiel ein Buch über die chemische Forschung und stoßen dabei auf Abkürzungen, werden wir als Laien sicherlich Probleme haben, diese zu verstehen. Denn die Entwicklung bedeutungshaltiger Abkürzungen erfordert Kreativität und eine ständige Beschäftigung mit der Sache.

Lernhilfen durch Reime
auf Zahlen

Durch regelmäßigen Umgang mit Zahlen, wie etwa im Geschichtsunterricht, ist man jedoch schon bald in der Lage, Lernhilfen durch Reime auf Zahlen zu erfinden. So wird eine Verbindung der Bedeutung von Reim und Zahl geschaffen.

Es gibt unterschiedliche Varianten, Zahlen Bedeutung zukommen zu lassen. Telefonnummern assoziiert man oft mit Geburtstagen, Preisen, Hausnummern oder Konfektionsgrößen. Wer täglich mit Zahlen zu tun hat, merkt sich Zahlen vielleicht auch, indem er prüft, durch was sie teilbar sind, ob es sich um Primzahlen handelt oder ob man die Wurzel aus ihr ziehen kann.

Es gibt andere Wege, sich Zahlen einzuprägen. In ▶▶ **TIPP 84 BIS 90** lernen Sie Gedächtnissysteme kennen, mit denen man Zahlen bestimmte Bedeutungen zuordnen kann.

84 Assoziieren Sie mit dem phonemischen System Zahlen mit Buchstaben!

Phonemisches System:
Assoziation von Zahlen
mit Buchstaben

Unter dem phonemischen System versteht man die Assoziation von Zahlen mit Buchstaben. Später werden den Buchstaben Bedeutungen – so genannte Phonemgruppen – zugeordnet, damit man die Ziffern nicht verwechselt. Die Zuordnung wird außerdem noch durch eine bedeutungshaltige Assoziation erleichtert. Eine entsprechende Übersicht finden Sie auf Seite 140.

Die Systematik des
phonemischen Systems

Im Einzelnen gehorcht das phonemische System der folgenden Systematik:

- *„Die 1 hat einen senkrechten Strich und steht für t und d, die als Buchstaben auch einen senkrechten Strich haben.*
- *Die 2 wird durch einen Buchstaben mit zwei senkrechten Strichen, das N, repräsentiert.*
- *Die 3 wird durch einen Buchstaben, der in der Kleinschrift drei senkrechte Striche besitzt, repräsentiert, das m.*
- *Die 4 wird durch den letzten Buchstaben des Wortes vier, das r repräsentiert.*
- *Die 5 wird dem Buchstaben L zugeordnet, weil das L im lateinischen Zahlensystem 50 bedeutet.*
- *Die 6 klingt im Wort wie ch und x, das verwandte Phonem sch wird hinzugenommen.*

- *Wenn man die Form der 7 zweimal verwendet, kann man einen Großbuchstaben K formen. Die verwandten Laute ck, g, Q und J kommen hinzu.*
- *Die 8 hat Ähnlichkeit mit einem handgeschriebenen f, die verwandten Laute pf und v können auch für die Acht stehen.*
- *Die 9 hat eine Formähnlichkeit mit dem p und dem b.*
- *Die 0 ist der letzte Buchstabe dieser Zahlenreihe und wird durch das z ausgedrückt, das auch der Anfang des englischen Wortes für Null (zero) ist. Ähnlich wie z sind die Laute s, c und ß.*

Die Zahlen sind also durch die Konsonanten repräsentiert. Keiner der Vokale a, e, i, o, u steht für eine Ziffer. Wenn Worte geformt werden sollen, können die Vokale also frei verwendet werden. Dies gilt auch für Umlaute." (Metzig/Schuster 1998, S. 109–111)

Die Zahlen sind durch Konsonanten repräsentiert; die Vokale können frei verwendet werden

Diese Kombinationen können nun, wenn sie einmal gelernt wurden, verschieden eingesetzt werden. Es ist natürlich immer möglich, die Codewörter durch eigene auszutauschen, wenn sie aus den geforderten Konsonanten und beliebigen Vokalen zusammengesetzt sind.

Einsatzmöglichkeiten

- Zum einen werden Worte gebildet, die mit jedem bedeutungsvollen Konsonanten eine Zahl verschlüsseln. Mithilfe des phonemischen Systems lassen sich so beispielsweise Kontonummern, Telefonnummern oder auch Autonummern merken.

BEISPIEL

Dieter: D=1, ie = Vokal, t=1, e = Vokal, r=4

- Eine weitere Methode ist es, mit den Anfangsbuchstaben der Phoneme für eine Zahl Sätze zu bilden.

BEISPIEL

Der (1) Müller (3) mahlt (3) frisches (8) Korn (7).

Das phonemische System: Liste der Codewörter für die Zahlen von 0 bis 100

0 – Hose

1 – Tee	21 – Niete	41 – Rute	61 – Schutt	81 – Pfote
2 – Noah	22 – Nonne	42 – Rinne	62 – Schiene	82 – Pfanne
3 – Oma	23 – Name	43 – Ramme	63 – Schaum	83 – Vim
4 – Reh	24 – Nero	44 – Rohr	64 – Schere	84 – Feier
5 – Löwe	25 – Nil	45 – Rolle	65 – Schal	85 – Feile
6 – Schuh	26 – Nische	46 – Rache	66 – Scheich	86 – Fisch
7 – Kuh	27 – Onko	47 – Rock	67 – Scheck	87 – Feige
8 – Pfau	28 – Napf	48 – Riff	68 – Schiff	88 – Pfeife
9 – Bau	29 – Nabe	49 – Rippe	69 – Scheibe	89 – Vopo
10 – Dose	30 – Maus	50 – Lasso	70 – Käse	90 – Bus
11 – Tod	31 – Matte	51 – Latte	71 – Kette	91 – Boot
12 – Ton	32 – Mine	52 – Leine	72 – Kanne	92 – Bahn
13 – Dom	33 – Mumm	53 – Lamm	73 – Kamm	93 – Baum
14 – Teer	34 – Meer	54 – Lore	74 – Karre	94 – Bär
15 – Diele	35 – Maul	55 – Lilie	75 – Kohle	95 – Ball
16 – Tisch	36 – Masche	56 – Leiche	76 – Koch	96 – Busch
17 – Teig	37 – Mücke	57 – Liege	77 – Geige	97 – Backe
18 – Topf	38 – Muff	58 – Lava	78 – Kaff	98 – Puff
19 – Taube	39 – Mopp	59 – Lippe	79 – Kappe	99 – Popo
20 – Nase	40 – Rose	60 – Schuss	80 – Fass	100 – Dodis

00 – Soße	01 – Zote	02 – Zone	03 – zahm	04 – Zier
05 – Zoll	06 – Zeus	07 – Zacke	08 – Zofe	09 – Suppe

Abb. 26: Das phonemische System

85 ## Merken Sie sich Jahrestage und Termine mithilfe des phonemischen Systems!

Mit dem phonemischen System kann man Daten wie etwa terminliche Absprachen und Jahrestage auswendig lernen. Um die folgenden Beipiele nachzuvollziehen, vergegenwärtigen Sie sich bitte die Übersicht über das phonemische System in ▶ TIPP 84.

BEISPIEL

Nehmen wir an, der 16. August 1964 ist ein wichtiges Datum:

- Mit der 16 verbinden wir einen Tisch,
- der Monat August, als Zahl dargestellt, ist die Acht, also ein Pfau, und
- die Jahreszahl verbinden wir mit Taube und Schere.
- Nun müssen wir das Ganze noch bildhaft werden lassen: Auf einem Tisch sitzen ein Pfau und eine Taube, die sich um die Schere streiten.

In der gleichen Systematik kann man sich selbstverständlich auch Uhrzeiten an bestimmten Tagen merken, wie das folgende Beispiel zeigt:

BEISPIEL

Stellen Sie sich vor, Sie haben ein Meeting am Donnerstag um 17.30 Uhr im Steigenberger Hotel mit Herrn Laubenstein, einem der führenden Aktienberater:

- Der Wochentag Donnerstag liegt nach der Zahlenfolge an dritter Stelle (= Oma), und
- für die Uhrzeit stehen der Teig (= 17) und die Maus (= 30).
- Bildlich gesehen steht die Oma vor der Kulisse eines alten, mit Laub bedeckten Steines (= Herr Laubenstein) im Steigenberger Hotel und rührt den Teig an für das beste Aktiengeschäft, während die Maus sie heimlich beobachtet.

Tipp 86 Verschlüsseln Sie Buchstaben in Kennworte!

Jedem Buchstaben wird ein Symbol zugeordnet

Eine sehr effektive Methode, sich Buchstabenfolgen zu merken, ist, jedem Buchstaben ein Symbol – Merkhilfe genannt – zuzuordnen, das durch seine Form in einen gut erinnerbaren Bezug zum Buchstaben steht:

A – Winkel, Dach, Zelt	D – Rodelberg
a – Schnecke	d – Biene
B – Busen	E – Kamm
b – schwangere Frau	e – Eichel
C – Bumerang, Hexe	F – Drahtbürste
c – Ohrläppchen	f – Turmspringer
etc.	

Abb. 27: Auszug aus der Liste von Merkhilfen

Die in Abb. 27 aufgeführten Zuordnungen dienen lediglich als Beispiele. Es kommt nämlich nicht auf das verwendete Bild an, sondern darauf, dass Sie als Anwender oder Anwenderin das Bild lebendig vor Augen haben und es sich gut merken können.

DAHER IST ENTSCHEIDEND, DASS IHNEN DIE VERWENDETE MERKHILFE LIEGT – UND DASS SIE SICH AUF EIN BESTIMMTES BILD FESTLEGEN.

Das System funktioniert nämlich nur, wenn Ihnen zu den einzelnen Buchstaben immer das gleiche Bild einfällt – und natürlich auch umgekehrt: Ihnen muss bei einem Erinnerungsbild mit beispielsweise einer Biene auch sicher einfallen, dass eine Biene für das „d" steht.

Wortketten in Form von Geschichten oder Bildern

Wenn Sie Ihre persönlichen Merkhilfen verinnerlicht haben, können Sie sie bestens dazu verwenden, bedeutungslose Buchstabenketten, wie beispielsweise bei Kfz-Kennzeichen oder Bestellziffern, zu lernen, nämlich indem Sie Wortketten in Form von Geschichten oder Bildern entwickeln.

Tipp 87 Lernen Sie Zahlen anhand von Symbolen!

Für jede Zahl gibt es eine Abbildung, wobei Ihnen frei gestellt ist, diese Abbildungen durch eigene auszutauschen. Anhand der Zahlenfolge von 0 bis 9 soll dies verdeutlicht werden:

Abb. 28: Bilderkette

Die Bilder können unter Anwendung der Locitechnik (▶ TIPP 79), also durch Hinzunehmen eines vertrauten Ortes, oder durch eine Aneinanderreihung miteinander verknüpft werden. So kann man beispielsweise in Gedanken durch seine Wohnung gehen und die Bilder der Zahlen einflechten.

BEISPIEL

Ihre Freundin hat eine neue Telefonnummer, die 2 32 54 49.

Im Korridor der Wohnung hängt ein Schwanenbild, und auf der Kommode steht ein Modelldreirad als Schlüsselhalter. Auf dem Weg in die Küche sehen Sie, dass Ihre Schwanenpflanze blüht. Vorbei an einem modernen Schwingsessel, der aussieht wie eine Fünf, stoßen sie an die beiden umgedrehten Küchenstühle auf dem Tisch. Nachdem Sie einen Schluck Wasser getrunken haben, gehen Sie in Ihr Schlafzimmer, um sich mal auszuspannen, doch Ihr Blick bleibt am Tennisschläger auf dem Schrank haften, und Ihnen einfällt, dass Sie doch heute ein Match mit Karl haben.

Technik der paarweisen
Assoziation

Diese als paarweise Assoziation bekannte Technik kann man gezielt bei Vorlesungen, Konferenzen und Tagungen, Vorträgen und Radiohören einsetzen – oder immer dann, wenn Sie sich in einer Situation gerade keine Notizen machen können.

Allgemein gilt: Je absurder die Geschichte, desto leichter kann man sich daran erinnern.

BEISPIEL

Sie möchten sich die Telefonnummer Ihres Frisörs, 4 33 12 75, merken:

Klein Erna ist auf Safari in Afrika. Dort sieht sie einen Elefanten (4), der durch ein Kleefeld (3) läuft. Erna pflückt ein Kleeblatt (3), um es mit nach Hause zu nehmen. Ein benachbarter Bauer rennt auf Erna zu und entreißt ihr das Blatt, worauf Erna ihn am liebsten ins Gefängnis (1) stecken würde. Ein Ehepaar (2), das das Geschehen beobachtet hat, rät ihr, sich eine Katze (7) schenken zu lassen, damit sie einen Spielgefährten hat. Sie geben ihr den Rat mit auf den Weg, sie immer im Auge zu behalten, damit sie nicht unter die Räder (5) kommt.

Tipp 88 Prägen Sie sich beim Zahlenlernen eine Melodie ein!

Das rhythmisierte Wiedergeben von Zahlenfolgen (wie beispielsweise Telefonnummern) verringert die Informationsmenge der Zahlen. Dies steht bei der täglichen Anwendung aber nicht im Vordergrund. Vielmehr unterscheiden sich die Zahlen durch Zusammenfassen zu Paaren melodisch. So werden lange Zahlen – etwa Personalausweisnummern oder Kontonummern – mehrheitlich in individuellen, klanglich unterscheidbaren Gruppen gelernt.

Zahlen unterscheiden
sich durch Zusammen-
fassen melodisch

VERSUCHEN SIE EINMAL, OFT GEBRAUCHTE NUMMERN NICHT IN ZAHLENPAAREN WIEDERZUGEBEN, SONDERN ALS EINZELNE ZAHLEN. SIE WERDEN MERKEN, WIE SCHWER ES FÄLLT, OHNE DIESE ZAHLENPAARE AUSZUKOMMEN.

Denn einzelne Zahlen sind verwechselbarer und schwieriger zu lernen.

Die Anwendung des phonemischen Systems (▶▶ TIPP 84, 85) kann an einer Vielzahl von Beispielen geübt werden. Am besten eignen sich aber Zahlen, die Sie ständig im Gebrauch haben und wissen müssen, da hier die Motivation am größten ist, diese zu lernen.

Daher die Empfehlung: Nehmen Sie sich die Zeit und üben Sie die Anwendung, beispielsweise mit ...

Anwendungs-
möglichkeiten

- Telefon- und Faxnummern von Freunden, Verwandten und Bekannten und wichtigen Notrufnummern,
- Ihrer Kontonummer und Bankleitzahl,
- Geheimzahlen für Kreditkarten, Geldautomaten und
- anderen persönlichen Nummern wie Ausweis-, Reisepass-, Steuernummer, die man beim Ausfüllen von Formularen benötigt,
- Geburtstagen von wichtigen Personen,
- der PIN Ihres Mobiltelefons,
- Zahlencodes von Schlössern und Wegfahrsperren im Auto,
- Login-Codes zum Öffnen von Computerprogrammen oder im Internet,
- Umrechnungswerte für Devisen und Konfektionsgrößen im Ausland.

89 Merken Sie sich Namen und Gesichter!

Wer kennt das nicht: Man begegnet einem Kollegen oder Geschäftskunden in der Freizeit und kommt partout nicht auf dessen Namen ...

Bilder wie Gesichter kann sich der Mensch gut merken, allerdings fällt die Verknüpfung zwischen Gesicht und Namen nicht immer leicht. Handelt es sich um Namen, mit denen keine direkte Bedeutung verknüpft ist, wie Kowalski, Klimaschewski oder Fatherstone, muss man ihnen eine eigene Bedeutung zuordnen. So wird beispielsweise vorgeschlagen, bei der betreffenden Person nach Merkmalen zu suchen oder ein entsprechendes Bild dem Namen nach zu entwerfen.

Die Verknüpfung
zwischen Gesicht und
Namen fällt nicht immer
leicht

Leichter ist es natürlich bei deutschen Namen wie Müller, Bauer oder Schmidt, die von Berufsbezeichnungen abgeleitet sind. Hier kann man sich leichter Bilder vor Augen führen.

Wenn man eine neue Bekanntschaft macht, empfiehlt es sich immer, der sich vorstellenden Person genau zuzuhören

Ein gutes Namens-gedächtnis ist im Service-sektor besonders wichtig

und sich den Namen ruhig ein weiteres Mal nennen zu lassen, damit man ihn sich besser einprägen kann.

Ein besonders gutes Namensgedächtnis müssen Menschen im Service- und Beratungssektor haben, also Menschen, die ständigen Kontakt mit anderen Personen haben. In Branchen wie dem Tourismussektor ist es besonders wichtig, die Namen seiner Kunden zu kennen, um sie von Anfang an (Begrüßung) beim Namen nennen zu können.

Denken Sie einmal an eigene Erfahrungen als Kunde: Sie finden es sicher auch schön, persönlich angesprochen zu werden, das schafft eine ganz andere Atmosphäre. Und genau so geht es natürlich Ihren Kunden.

Bei dem Bemühen um ein besseres Namensgedächtnis wird Ihnen das Training des visuellen Gedächtnisses (▶▶ TIPP 75 BIS 82) sehr hilfreich sein:

BEISPIEL

- Name: Maria Mayer

  Maria Mayer heißt die Frau mit der hübschen Brille. Meine Exkollegin Maria hatte auch eine Brille. Die war aber nicht so schön wie die von Maria Mayer.

- Name: Peter Schindler

  Peter Schindler ist ein großer, eleganter Herr mit grauen Schläfen. Der Hauptdarsteller des Filmes „Schindlers Liste" war auch so groß.

Wie so oft, muss man auch bei diesem Thema anfangs davon überzeugt werden, eine Lerntechnik anzuwenden, denn zunächst ist das mit einem zusätzlichen Aufwand verbunden. Wenn Sie die Technik jedoch einmal erlernt haben, bringt sie Sie weiter als übliche Techniken.

STUDIEN BEWEISEN, DASS SICH DURCH VERBINDUNG VON NAMEN UND GESICHTERN DIE BILDHAFTE VORSTELLUNG DES LERNENS VERBESSERT.

So werden Personen, die täglich mit Zahlen umgehen, dem anfänglichen Aufwand realistisch gegenüberstehen.

Tipp 90 — Nutzen Sie Analogiebildungen als Lernhilfe!

Jeder Mensch hilft sich mit dem Gebrauch von Analogiebildungen, um Dinge zu erklären. Analogie herstellen meint, vorhandene Wissensbereiche mit neuen in Beziehung zu setzen, also der ständige Bezug zu ähnlichen, bereits vorhandenem Wissen. Außerdem erlaubt vorhandenes Wissen über einen Sachverhalt das Aufstellen von Hypothesen zur Einschätzung des neuen Sachverhaltes und erhöht somit die Kreativität.

Vorhandene Wissensbereiche mit neuen in Beziehung setzen

DURCH DIE INTENSIVE BEARBEITUNG DER ANALOGIEN VERBESSERT SICH DAS VERSTÄNDNIS IN EINEM WISSENSBEREICH.

Im Allgemeinen bedarf es einiger Geschicklichkeit, geeignete Analogien zu finden oder gar zu entwickeln. Deshalb werden in Lehrbüchern nicht selten passende Modelle vorgegeben, um Irreführungen zu vermeiden.

Sehr bekannt und in der Grundausbildung im Fach Mathematik verwendete Analogien sind Aufgaben, die auf Vergleichen beruhen. So werden beispielsweise die Größe von Personen oder die Anzahl an Äpfeln und Birnen in Beziehung zueinander gesetzt.

Frühe Ausprägungen der Analogie sind bereits im Kindesalter zu sehen, wenn beispielsweise anstatt des Menschen eine Strichfigur gezeichnet wird.

Wie aber entstehen Analogien?

Die Entstehung von Analogien

- Eine Variante, um sich verschiedener Analogien zu bedienen, ist das Benutzen von Lexika oder Warenkörben, die als Anregung zur Bildung von Analogien hilfreich sein können. Dabei wird nach Wörtern geschaut, die den gleichen oder ähnlichen Sachverhalt darstellen.

  Beim Anwenden dieser Technik in Teams ist das Brainstorming eine sehr bekannte Methode: Es werden alle zum Thema relevanten Begriffe von den Mitgliedern der Gruppe in den Raum gestellt und danach unter dem Aspekt der Anwendbarkeit selektiert.

- Eine weitere Möglichkeit ist es, gleich von Beginn an konkret nach relevanten Sachverhalten zu schauen oder Analogien vom Oberbegriff zum Wissensbereich abzuleiten.

Die Verbindung der Analogie eines Autos mit einer Gewehr-kugel macht deutlich, wie Modellvorstellungen und Emoti-onen zusammenhängen. Während man das Auto größtenteils als neutralen Gegenstand betrachtet, werden mit der Gewehr-kugel eher negative Assoziationen verknüpft.

Aufgabe der Analogie: bildhafte Darstellung von verschiedenen Stufen der Informa-tionsverarbeitung

Die Aufgabe der Analogie ist es, eine bildhafte Darstellung von verschiedenen Stufen der Informationsverarbeitung zu gewähren. Beim Anwenden von Analogien zum Erlernen und Verbinden von Dingen wird der Verbesserung des Lernens, der Kreativität und des Verständnisses besondere Bedeutung bei-gemessen.

Am Beispiel des Erlernens der Uhrzeitenabschnitte sei dies verdeutlicht:

BEISPIEL

Eine Stunde hat 60 Minuten und lässt sich, durch vier ge-teilt, in vier Viertel à 15 Minuten einteilen, vergleichbar ei-ner Torte:

Halbiert man eine Geburtstagstorte als Erstes längs und danach noch einmal waagerecht, so hat man ein Viertel, ein Halb und ein Dreiviertel. Analog zur Uhr ist dann

- 15 Minuten nach der vollen Stunde viertel nach,
- 30 Minuten nach der vollen Stunde halb und
- 45 Minuten nach der vollen Stunde dreiviertel.

Auf der abgebildeten Uhr ist es also drei viertel sechs oder, anders ausgedrückt, viertel vor sechs.

Abb. 29: Uhr

Teil XVI WIE SIE MITHILFE VON MINDMAPPING UND BRAINSTORMING EFFIZIENTER LERNEN

Diesen Teil sollten Sie lesen, wenn Sie mehr darüber erfahren möchten, wie Sie in den Genuss der Bilderwelt kommen und Sie gezielt anwenden können. Bei der Anwendung der Technik des Mindmappings, der bildhaften Gedächtnisstütze, behalten Sie stets den Überblick über ein Thema, da diese Technik der natürlichen Arbeitsweise des Gehirns entspricht.

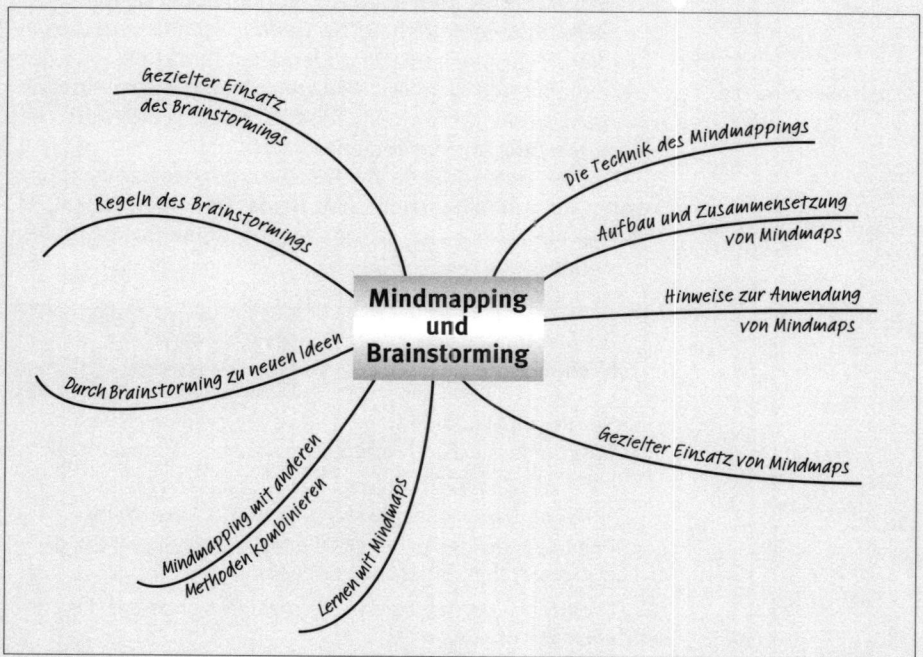

Abb. 30: Mindmapping und Brainstorming

Tipp 91 Lernen Sie die Technik des Mindmappings kennen!

Historische Vorreiter des Mindmappings: Simonides ...

In der Antike lehrte ein griechischer Lyriker namens Simonides (500 v. Chr.) seinen Schülern die Notwendigkeit bildhafter Vorstellungen. Er hielt stundenlange Reden und Vorträge, ohne dabei ein Manuskript zu benutzen. Er trainierte seine Schüler darin, sich in eine Bilderwelt hineinzudenken und mithilfe von Schlüsselwörtern seine Inhalte im Gedächtnis zu behalten.

Erst die Erfindung der Buchdruckerkunst im 15. Jahrhundert verdrängte diese „natürliche" Gedächtnisstütze. An ihre Stelle trat nun das bedruckte Papier. Dieses als „linear" bekannte System wurde die folgenden Jahrhunderte über benutzt.

... und Leonardo da Vinci

„Zeile für Zeile werden seither Gedankenbilder und -zusammenhänge gespeichert und abgerufen." (Kirckhoff 1989, Einleitung) Betrachtet man z.B. Leonardo da Vincis Aufzeichnungen, so stellt man fest, dass er kurze Schlagworte mit kleineren Zeichnungen versehen hat.

Ob Simonides oder da Vinci die Vorreiter des Mindmapping waren, mag dahingestellt sein. Beide erkannten jedenfalls, wie viel einfacher es ist, sich Inhalte in Verbindung mit Bildern zu merken.

Die Entstehung des Mindmappings **HINTERGRUND**

Der Begriff Mindmap stammt aus dem amerikanischen Sprachgebrauch und bedeutet soviel wie „Gedankenlandkarte". (Busch 1999, S. 75)

Ihren Ursprung hat die Technik dem US-Amerikaner Rogers, der Vertreter der ganzheitlichen Psychologie und der Gestalttherapie war, zu verdanken.

Mitte der 1970er-Jahre wurde diese von britischen Psychologen übernommen.

Ausgangspunkt für die Entwicklung des Mindmappings: die Hemisphärentheorie

Der Lernforscher Tony Buzan entwickelte darauf aufbauend die Methode des Mindmappings. Ausgangspunkt für diese Entwicklung war die Hemisphärentheorie. Sie besagt, dass der Mensch in seiner Verarbeitung von Denkprozessen, je nach Erfordernis und Aufgabe, unterschiedlichen Zugriff zu den beiden Hirnhälften nimmt.

Wie schnell geht einem beim Bearbeiten eines Themas der Überblick verloren. Denn gewohnheitsmäßig schreiben wir Informationen „linear", von links oben nach recht unten, nieder. Doch *„nicht immer entspricht die Reihenfolge (...) der inneren Systematik der Gedanken. Der Weg zu einem Ziel ist ein flexibler Prozess."* (Kirckhoff 1989, S. 26)

Lineare Verarbeitung

Bei der linearen Verarbeitung bleibt nur ein geringer Anteil der Informationen im Gedächtnis, da diese nicht der natürlichen Arbeitsweise des Gehirns entspricht. *„Ideen und kreative Gedankengänge können nicht immer in allen Verästelungen geistig überblickt werden. Dies trifft vor allem ihre Vernetztheit mit anderen Bereichen oder Lösungen von Problemen bezüglich der Folgewirkungen anvisierter Maßnahmen."* (Brinkmann 1999, S. 127) Mindmapping versucht, diese Probleme zu lösen.

Es ist eine Art „bildhafte Gedächtnisstütze" (Brinkmann 1999, S. 127) und macht sich den Vorteil zunutze, dass Bilder einfacher gespeichert werden.

Denn Mindmapping spricht beide Seiten des Gehirns gleichzeitig an:

Mindmapping spricht beide Gehirnhälften gleichzeitig an

- die rechte Hemisphäre durch die bildhafte Darstellung, das Zeichnen der Äste und
- die linke Hälfte durch das sprachliche Element der Schlüsselwörter.

So wird Denken an sich und gerade das sprunghafte Denken unterstützt, um möglichst viele Ideen generieren zu können. Die natürliche Arbeitsweise des Gehirns wird dabei berücksichtigt. Denn man denkt nicht in komplexen Formulierungen, sondern in Stichworten und assoziierten Bildern. So dienen Mindmaps zur Strukturierung und Visualisierung von komplexen Sachverhalten.

Mindmapping führt zu bedeutenden Zeiteinsparungen, da nur Schlüsselworte benutzt werden, um Assoziationen hervorzurufen. Denn nach heutiger Erkenntnis sind ca. 90 Prozent der Worte in einem Fließtext überflüssig (www.ni.schule.de). An diese Erkenntnis knüpft die Mindmapping-Methode an.

Wie eine Mindmap konkret aussieht? Das erfahren Sie in ▶ Tipp 92.

92 Erfahren Sie etwas über Aufbau und Zusammensetzung von Mindmaps!

Wenn Sie eine Mindmap (▶ TIPP 91) erstellen möchten, machen Sie sich zunächst klar, dass Ihre Mindmap keinen künstlerischen Anforderungen genügen oder besonders akkurat gezeichnet sein muss. Würden Sie derartige Ansprüche an sich stellen, fingen Sie womöglich gar nicht erst an oder behinderten sich doch zumindest selbst beim Lernen.

Eine Mindmap ist nur für den Anwender gedacht und muss keinen künstlerischen Anforderungen genügen

Ihre Mindmap ist ganz allein für Sie gedacht – niemand anderes muss etwas damit anfangen können. Sie soll Ihnen dabei helfen, kreativ zu sein und Ihre Gedanken zu sortieren.

So erstellen Sie eine Mindmap: P R A X I S

- Sie schreiben zunächst das zentrale Thema auf, und zwar in die Mitte eines Blatt Papiers.
- Dann sammeln Sie Schlüsselwörter.
- Anschließend müssen Sie Oberbegriffe finden, denen die Schlüsselwörter zugeordnet werden können.
- Vom Thema ausgehend werden auf Linien die Oberbegriffe notiert, das sind die Hauptäste mit den Hauptgedanken. Diese können sich dann immer weiter verzweigen in Nebenäste und Nebengedanken.

Der Begriff „Schlüsselwort" stammt aus der Gedächtnispsychologie. Damit bezeichnet man ein prägnantes Stichwort, das – ähnlich wie bei einem Schauspieler, der im Text stecken bleibt – oft ausreicht, um den darauf folgenden Text wieder ins Gedächtnis zurückzurufen. Ergänzend zu den Schlüsselwörtern können Bilder, Symbole und Farben zum Einsatz kommen, die die Lesbarkeit einer Mindmap verbessern.

Die Schlüsselwörter sollten allgemein gültig und eindeutig sein

Man sollte bei der Suche nach Schlüsselwörtern darauf achten, dass es sich um allgemein gültige und von der Bedeutung her eindeutige Wörter handelt, damit Sie die Mindmap, wenn Sie sie später wieder zur Hand nehmen, auch noch richtig verstehen.

Eine Mindmap kann man jederzeit umstrukturieren oder mit neuen Gedanken ergänzen. So ist es möglich, immer tiefer in Problemfelder einzudringen und trotz der Vielfalt der Aspekte den Überblick zu bewahren.

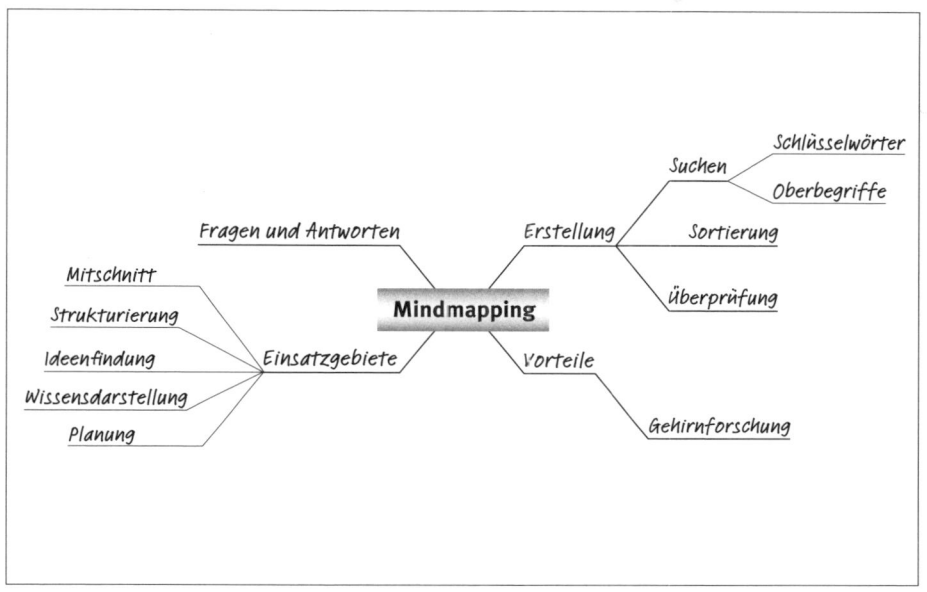

Abb. 31: Aufbau einer Mindmap (in Anlehnung an www.zeitzuleben.de)

Vielleicht fragen Sie sich, welche Vor- und Nachteile die Methode des Mindmappings hat.

Nun, als Vorteile wären zu nennen:

Vorteile des Mindmappings

- Mithilfe des Mindmappings können Schwächen der rechten oder linken Gehirnhälfte ausgeglichen werden, denn dabei werden beide Seiten trainiert.
- Es schärft das Gedächtnis und erhöht das Konzentrationsvermögen. Es hilft z.B. bei einem Projekt oder einem Problem, den Überblick zu wahren, der bei der linearen Methode schnell verloren geht.
- Außerdem wird das Erinnerungsvermögen verbessert.
- Ihre Ideen entwickeln sich mit zunehmendem Gebrauch der Methode schneller und kreativer. Nach mehrmaliger Anwendung der Methode erweist sie sich als deutlich zeitsparender als das beim Verfassen eines Fließtextes der Fall wäre, denn hier wird auf unnötige Füllwörter verzichtet (www.zeitzuleben.de).
- Diese Kreativitätstechnik fördert verborgen gebliebene Ideen zutage, da ein freier Ideenfluss zugelassen wird. Sie

ist dabei grenzenlos und flexibel: *„Die Mindmap gewährt Ihnen immer eine ganzheitliche Sichtweise auf Ihre Planung oder Problemlösung. Es gibt keine halbschattigen Ecken im Bewusstsein und keine komplizierte Hierarchie, die zum Zurückblättern zwingt. Auf ein und denselben Bogen können Sie gedanklich hin und her springen, ohne das Gesamtbild zu verlieren."* (Kirckhoff 1989, S. 15)

Nachteile des Mindmappings

Als Nachteile wären zu nennen:

- Man muss sich erst an die Aufzeichnungstechnik gewöhnen bzw. diese Art richtig trainieren, da die lineare Aufzeichnungsart viel verbreiteter ist.
- Ein weiterer Nachteil besteht in der Lesbarkeit der Mindmap: Wenn sehr individuelle Symbole und Schlüsselbegriffe benutzt wurden, ist sie möglicherweise für andere nicht oder nur begrenzt aussagekräftig, da sie individuell und persönlich entworfen wurde.

Tipp 93 Beachten Sie diese Hinweise zur Anwendung von Mindmaps!

Grundregeln für Mindmaps

Wie bei so vielem im Leben sind auch beim Mindmapping ein paar grundlegende Regeln zu beachten:

- Eine Mindmap sollte, damit genügend Platz zur Verfügung steht, auf einem quer gelegtem DIN-A3-Bogen angefertigt werden.
- Das Thema schreiben Sie immer in die Mitte des Blattes. Es sollte nur aus einem Schlagwort (besser noch: aus einem Bild) bestehen, das eingekreist wird.
- Die Grundstruktur ist baumartig, mit von der Mitte ausgehenden Linien, so genannten Ästen.
- Auf jedem Ast sollte nur ein Begriff (= Schlüsselwort) stehen, also keine Sätze oder Satzfragmente.
- Die Schlüsselwörter sollten in Druckschrift und Großbuchstaben geschrieben werden.
- Die innere Ordnung geht dabei vom Allgemeinen zum Speziellen.
  (vgl. www.ni-schule.de)

Diese Empfehlungen dienen lediglich als Gerüst. Der Kreativität und Phantasie sind dabei keine Grenzen gesetzt.

94 Setzen Sie Mindmaps gezielt ein!

Die Technik des Mindmappings kann sowohl im Bildungs- und Ausbildungsbereich und im Berufs- und Unternehmensbereich als auch bei der Selbstanalyse und Familienstudie zur Anwendung kommen. In jeder Situation, in der Sie sich Notizen machen müssen oder nachdenken, können Sie Mindmaps einsetzen.

Immer, wenn man Notizen machen muss oder nachdenkt, kann man Mindmaps anfertigen

---

Einige Einsatzgebiete von Mindmaps: **PRAXIS**

Mitschreiben

Während Besprechungen, Telefonaten, Unterredungen, Seminaren an der Hochschule oder bei Vorträgen können Sie die gehörten Fakten und Ideen festhalten.

Texte strukturieren

Wenn Sie Aufsätze, Hausarbeiten, Präsentationen, einen Vortrag, einen Bericht, ein Buch oder einen Artikel strukturieren wollen, so können Sie das mit einer Mindmap tun.

Reden

Auch bei freien Reden oder zur Vorbereitung eines öffentlichen Auftritts können Mindmaps der linearen Darstellungsweise vorgezogen werden. Sie gewährleisten, dass jeder Teilnehmer alle Gesichtspunkte der übrigen Teilnehmer versteht. Bei Reden erreichen Mindmaps eine größere Bandbreite von Fähigkeiten. Sie geben Bewegungsfreiheit und bieten mehr Chancen für Blickkontakt mit dem Publikum. Mindmaps führen im Allgemeinen zu mehr Spontaneität, Kreativität und Spaß in allen Anwendungsbereichen.

Projektplanung

Mindmaps lassen sich effektiv bei der Projektplanung einsetzen, entweder allein oder im Team.

Ideen finden

Die Kreativität fördern, Ideen ordnen oder finden, all das kann man mit Mindmaps machen.

Wissen strukturieren und lernen

Ganz gleich, ob Sie sich auf eine Prüfung vorbereiten oder für Ihre Forschungen Wissen übersichtlich darstellen möchten: Mit ihren hierarchischen Strukturen können Ihnen Mindmaps dabei eine große Hilfe sein. (vgl. www.zeitzuleben.de)

Zeitplanung

Wie Sie Ihre Zeit zum Lernen am besten einteilen, können Sie beispielsweise anhand einer Mindmap für Zeitmanagement herausfinden. Auch im normalen Berufsalltag lassen sich Tagesverläufe anhand von Mindmaps aufstellen.

Mindmaps im Unternehmen

In der Wirtschaft eignen sich Mindmaps zur Strukturierung des gesamten Unternehmens, zum Aufstellen von Visionen und Unternehmenszielen oder zum Erläutern von Planungen der Marketingabteilung bis hin zum Marketing-Mix. Auch Kundenwünsche und Verbesserungsvorschläge lassen sich problemlos in die Mindmap einer Firma integrieren.

Die Mindmapping-Methode ist nahezu in jeder Situation einsetzbar. Es liegt nun in Ihrem Ermessen, sich die Technik anzutrainieren, auch wenn es einige Zeit in Anspruch nehmen wird.

95 Lernen Sie mit Mindmaps!

Schon durch das Erstellen einer Mindmap lernt man

„Schon allein dadurch, dass Sie Ihren Lernstoff durch das Erstellen einer Mindmap so übersichtlich darstellen, lernen Sie. Das ist ein bisschen wie mit Spickzetteln schreiben. Gute Spickzettel können nur diejenigen schreiben, die sich mit dem Stoff so auseinandergesetzt haben, dass sie das erkennen, was wesentlich ist. Den Lernstoff mit Mindmaps aufzubereiten, ist also ein optimaler erster Schritt beim Lernen." (www.zeitzuleben.de)

Im zweiten Schritt geht es um das Einprägen der Fakten:

*DECKEN SIE DIE ÄUSSEREN ZWEIGE AB UND VERSUCHEN SIE,
ANHAND DER SCHLÜSSELWÖRTER IHR WISSEN ZU PRÜFEN.*

Die während des Lernens auftretenden Fragen schreiben Sie (als Stichwort) direkt in die Mindmap hinein. Das hat zum einen den Vorteil, dass Sie Ihre Frage nicht vergessen, und zum anderen können Sie diese im Anschluss durch Nachschlagen und Recherchieren beantworten. Die Antworten schreiben Sie dann stichpunktartig in die Mindmap hinein.

Eine andere Art, mit einer Mindmap zu lernen, ist es, eine solche speziell für das Lernen zu erstellen. Notieren Sie sich hierzu kurze Fragen zu Ihrem Lernthema und schreiben Sie diese auf die Hauptäste. Ihre Antworten verpacken Sie anschließend in Schlüsselwörter, die Sie auf den Nebenzweigen unterbringen.

Tipp 96 Kombinieren Sie das Mindmapping mit anderen Methoden!

Die Mindmapping-Methode lässt sich hervorragend mit anderen Methoden kombinieren.

So wird beispielsweise schon bei der Suche nach den passenden Schlüsselworten zu Anfang die Brainstorming-Methode verwendet (**▶▶ TIPP 97 BIS 99**). Eine Regel bei der Brainstorming-Methode lautet, dass keine Kritik geäußert werden darf. So erreicht man gerade bei der Neueinführung des Mindmappings eine positive und gelöste Grundstimmung und kann auf diese Weise möglichen Vorurteilen gegenüber allem Neuen vorbeugen.

Mindmapping kombiniert mit Brainstorming

Mindmapping kann mit der 6-3-5-Methode verbunden werden. Dabei sollen die von kleinen Lerngruppen (drei bis vier Teilnehmer) erarbeiteten Mindmap-Strukturen an eine jeweils andere Gruppe gereicht werden. Die Mitglieder der anderen Gruppe können dann neue Äste hinzufügen oder bereits vorhandene ergänzen.

6-3-5-Methode

Auch die Color-Button-Methode eignet sich gerade bei sehr komplexen Fragestellungen hierzu. Eine Kleingruppe denkt dabei nur über die gelben Inhalte eines zuvor erarbeiteten und mit Farben versehenen Mindmap nach, die nächste über die roten Inhalte und so weiter. Anschließend erstellt jede Gruppe diesbezüglich eine eigene Mindmap.

Color-Button-Methode

Mindmapping ist eine Methode, um Gehirnschwingungen auf ein *„kreatives Niveau"* einzupendeln. (Kirckhoff 1989, S. 110)

Suggestopädie

Genau damit beschäftigt sich unter anderem auch die Suggestopädie(▶▶ **TIPP 56 BIS 60**). *„Bekannt war (...), dass beide Gehirnhälften über elektrisch messbare Impulse miteinander verbunden arbeiten. Diese Impulse schwingen rhythmisch."* (Kirckhoff 1989, S. 110) Es wurde entdeckt, dass Gehirnschwingungen, die im Alpha-Bereich liegen, eine effektive Lernfähigkeit und eine optimale Gedächtnisleistung fördern. So kann z.B. während des Lernens im Hintergrund Musik des Barocks oder der Klassik gespielt werden, da diese mit ca. 60 Anschlägen pro Minute genau den Schwingungen im Alphabereich entsprechen (▶ **TIPP 5**).

97 Entwickeln Sie neue Ideen mithilfe eines Brainstormings!

Spricht man von Brainstorming, so meint man eine Kreativitätstechnik, die zur Entwicklung von neuen Ideen beiträgt. Beim Lernen können Sie diese Methode beispielsweise einsetzen, um sich zunächst einen Überblick über Ihren Lernstoff zu verschaffen und alle relevanten Aspekte zu sammeln. Die Ergebnisse können Sie dann als Grundlage für Ihren Lernplan verwenden (▶▶ **TIPP 11 BIS 14**).

Prinzip des Brainstormings

Das Prinzip des Brainstormings ist einfach:

ES GEHT DARUM, SPONTAN IDEEN ZU ÄUSSERN, UND ZWAR SCHNELL UND HEMMUNGSLOS. QUANTITÄT GEHT ERST EINMAL VOR QUALITÄT.

Auch verrückte Ideen sollen genannt werden, denn es ist später leichter, Ideen zu rationalisieren, als sie kreativer zu machen.

Damit kein äußerer Druck ensteht, werden bestimmte Verhaltensweisen eingeführt, die geistige Schranken abbauen und kreatives Verhalten fördern. Wenn das Brainstorming in einer Gruppe durchgeführt wird, ist Kritik daher zunächst nicht erlaubt.

Aufgaben des Moderators

Idealerweise wird das Brainstorming von einem Mentor oder Moderator begleitet, der für die notwendige Grundstimmung sorgen und die Ideenfindung in die richtigen Bahnen leiten soll. Außerdem sollte der Moderator die geäußerten Ideen protokollieren, am besten, indem er jede Idee auf einer Karteikarte notiert.

Oft dient das Brainstorming aus (betriebs-)politischen Gründen dazu, möglichst viele Personen an einer Problemlösung oder Ideenfindung teilhaben zu lassen, wodurch insgesamt mehr Ergebnisse produziert werden, als wenn jeder für sich alleine arbeitet.

Bereits die Äußerung einer Idee kann natürlich andere Teilnehmer beeinflussen oder von der eigenen Überlegung abbringen. Deshalb ist es manchmal sinnvoll, dass zunächst jeder Teilnehmer ein individuelles Brainstorming anfertigt und dann in der Gruppe seine notierten Ideen vorträgt.

Manchmal – etwa in kreativen Berufen – kann es aber auch von Vorteil sein, wenn sich die Gruppenteilnehmer gegenseitig beeinflussen und zu Neuem anstacheln lassen.

Im Anschluss an das Brainstorming sichten Sie die gesammelten Ideen und fassen sie zu Gruppen zusammen. Diesen Arbeitsschritt können Sie nutzen, um die Karteikarten direkt in einer Mindmap (▶▶ **Tipp 91 bis 96**) zu visualisieren.

98 Beachten Sie beim Brainstorming diese Regeln!

Um eine gesunde Gruppendynamik zu entwickeln, sollte ein Brainstorming idealerweise mit fünf bis 15 Teilnehmern innerhalb von 30 Minuten in angenehmer Atmosphäre durchgeführt werden; ein Moderator sollte die Sitzung leiten.

Brainstorming in einer Gruppe

Im Mittelpunkt der Ideenfindung steht das Kernproblem. Unter Einsatz von Anschauungsmaterial werden die Teilnehmer auf das Problem vorbereitet. Bereits bekannte Ideen und Lösungen werden diskutiert. Anschließend geht es dann in die aktive Runde. Jetzt kann jeder der Teilnehmer spontan und ohne Hinterfragen der Idee neue Dinge einbringen, die der Moderator entweder auf Karteikarten oder an einem Flipchart in Form einer Mindmap (▶▶ **Tipp 91 bis 96**) festhält.

Nach einer kurzen Pause liest der Moderator dann sämtliche Ideen vor. Die Ideen werden von allen Teilnehmern bewertet und nach Wichtigkeit sortiert. Erstmals im Prozess ist nun Kritik erlaubt und auch notwendig. Das Filtern der Ideen dient dazu, problemfernere oder schwer realisierbare Ideen

Das Brainstorming liefert
Rohmaterial

auszuschließen. Das Brainstorming kann allerdings nur Rohmaterial liefern.

Eine Liste mit etwa fünf realisierbaren Vorschlägen wird im Nachgang von Spezialisten bearbeitet, die wiederum die Ideen generieren und ergänzen.

Brainstorming: Grundregeln   **P R A X I S**

- Keine Kritik an anderen Beiträgen, Ideen und Lösungsvorschlägen
- Keine Wertung der Ideen
- Keine Killerphrasen einwerfen
- Diskussionen bleiben in der Ideenfindungsphase aus
- Jeder soll seine Gedanken frei äußern können
- Viele Ideen in kürzester Zeit
- Freies Assoziieren und Phantasieren ist erlaubt
- Der Ideenfluss darf nicht unterbrochen werden
- Kurze und prägnante Beiträge sind gefordert

Tipp 99 Wenden Sie die Technik des Brainstormings gezielt an!

Einsatzmöglichkeiten
des Brainstormings
beim Lernen

Neben den klassischen Einsatzbereichen in Meetings und Seminaren findet das Brainstorming auch beim Lernen Anwendung. Es lässt sich nämlich auch von einer Einzelperson durchführen und kann in jeder Phase Ihres Lernprozesses eingesetzt werden:

- Am Anfang des Lernprozesses können Sie ein Brainstorming machen, um herauszufinden, was Sie überhaupt lernen müssen, und mithilfe dieser Methode einen Lernplan aufstellen.
- Während des Lernens können Sie mit einem Brainstorming Denkblockaden überwinden und Übungsaufgaben lösen.
- Mithilfe von Mindmaps können Sie Ihren Lernstoff verbildlichen und neue Lösungswege entwickeln.
- Am Ende Ihres Lernprozesses – sowohl am Ende jeden Lerntages als auch kurz vor der eventuell anstehenden Prü-

fung – können Sie Ihren Lernerfolg mithilfe eines Brainstormings überprüfen.

Brainstorming: Anwendungsbereiche   P R A X I S

- Für weniger komplexe Probleme

  Beispiel: Tagesablauf, Gliederungen, Aufbau, generell festgelegte Abläufe

- Für die sprachliche Ebene

  Beispiel: Vokabeln nach Themengebieten gliedern, Möglichkeiten der sprachlichen Anwendung aufzeichnen

- Für Zielformulierungen und Aussagen mit Symbolcharakter

  Beispiel: Vorbereitung auf eine Prüfung, Selbstverwirklichung

- Als Einstieg in ein Thema

- Zur Reproduktion und Überprüfung des Gelernten

- Zur Entwicklung eines Leitbildes

  Beispiel: Berufsleitbild, Persönlichkeitsleitbild

- Zur Lösung einer Aufgabe

- Um Denkblockaden zu umgehen

LITERATURVERZEICHNIS

Ackermann, Rolf / Gerhard, Friede / Molzahn, Rainer / Pfetsch, Helga / Wagner, Hartmut: Kreativ lehren und lernen. Offenbach 1995.

Adenau, Gerda-Marie: Mind-Mapping im Verkaufsgespräch. Das Tourismus-Magazin 10/97, S. 60–63.

Beck, E. G.: Biologiekurs Klasse 12, berufliches Gymnasium Baden-Württemberg LK/GK, 07/98, siehe auch: www.biokurs.de.

Birkenbihl, Vera F.: Stroh im Kopf? Gebrauchsanleitung fürs Gehirn. 35. Auflage. Landsberg 2000.

Brinkmann, Ralf D.: Techniken der Personalentwicklung. Heidelberg 1999.

Buner, Roberto: Die Suggestopädie. Eine ganzheitliche Lehr- und Lernform. In: Conrady, Ingrid / Haun-Just, Marianne / von der Meden-Saiger, Barbara (Hg.): Lernen ohne Grenzen. Bremen 1993.

Busch, Burkhard G.: Erfolge durch neue Ideen. Berlin 1999.

Buzan, Tony / Buzan, Barry: Das Mind-Map-Buch. Die beste Methode zur Steigerung Ihres geistigen Potentials. 4. Auflage. Landsberg 1999.

Chevalier, Brigitte: Effektiver Lernen. Die eigenen Fähigkeiten erkennen. Frankfurt am Main 1999.

Decker, Franz: Die neuen Methoden des Lernens. Würzburg 1999.

Dennison, Paul u.a.: Brain-Gym fürs Büro. Kirchzarten 2004.

Drach, Thomas / Schmidt, Irmtraut: Forever Clever. Das Rundum-Programm für Ihre geistige Fitness. Landsberg 2003.

FOCUS: Neue Zellen für neues Denken. 13/2000, S. 188–200.

Gassner, Ingeborg: Nahrung für das Gehirn. In: Conrady, Ingrid / Haun-Just, Marianne / von der Meden-Saiger, Barbara (Hg.): Lernen ohne Grenzen. Bremen 1993.

Glade, Clemens: Gehirnjogging. München 2004.

Goleman, Daniel: Emotionale Intelligenz. 12. Auflage. München 1999.

Havas, Harald / Mündemann, Belen M.: Powertraining für den Kopf. München 2004.

Hierhold, Emil: Sicher präsentieren – wirksamer vortragen. Wien 1992.

Horgan, John: Alle Elektronen sind identisch, aber jedes Gehirn ist anders als alle anderen. In: Psychologie heute, 27. Jahrgang, Mai 2000.

Kirckhoff, Mogens: Mindmapping. Die Synthese von sprachlichem und bildhaftem Denken. 3. Auflage. Berlin 1990.

Knigge-Illner, Helga: Keine Angst vor Prüfungsangst. Strategien für die optimale Prüfungsvorbereitung im Studium. Frankfurt am Main 1999.

König, Joseph: Lernen auf zellulärer Ebene. Ruhr-Universität Bochum, Informationsdienst Wissenschaft, 15.01.1998.

Krüger, Frank: Mind Mapping. 2. Auflage. München 1998.

Krumpholz-Reichel, Anja: Lernen, ohne es zu merken. In: Psychologie heute, 27. Jahrgang, Juni 2000.

Lehmann, Günter: Gestalten kommunikativer Situationen. Frankfurt am Main 1998.

Malorny, Christian: Die sieben Kreativitätswerkzeuge K7. Berlin 1994.

Mertens, Ralf: Denk- und Lernmethoden. Gehirnjogging für Studierende. Berlin 2001.

Metzig, Werner / Schuster, Martin: Lernen zu lernen. Lernstrategien wirkungsvoll einsetzen. 4. Auflage. Berlin u.a. 1998.

Metzig, Werner / Schuster, Martin: Prüfungsangst und Lampenfieber. Bewertungssituationen vorbereiten und meistern. Berlin u.a. 1999.

North, Vanda / Buzan, Tony: Business Mind-Mapping. Frankfurt am Main 1999.

Pink, Ruth: Wege aus der Routine. Kreativitätstechniken für Beruf und Alltag. Stuttgart 1996.

Pohl, Wolfgang: NI-Schule. 30.01.2000, siehe www.ni-schule.de.

Riedel, Katja: Persönlichkeitsentfaltung durch Suggestopädie. Hohengehren 1995.

Schirm, Rolf W.: Die Biostrukturanalyse 1. IBSA für Biostruktur-Analysen AG. 21. Auflage. Baar 2001.

Schulte, Sebastian: Keine Frage von „rechts" oder „links". In: Psychologie heute , 27. Jahrgang, Juli 2000.

Solms, Andreas: Konzentration trainieren. Gedächtnis schulen und Stress abbauen. München 2004.

Steiner, Verena: Erfolgreich lernen heißt ... Die besten Lernstrategien für Studium und Karriere. München 2002.

Straub, Christoph: Gehirngerechtes Lehren und Lernen. Staatliches Seminar Albstadt- Pädagogik.

Wagner, Hartmut: NLP in der innerbetrieblichen Weiterbildung. In: Conrady, Ingrid / Haun-Just, Marianne / von der Meden-Saiger, Barbara (Hg.): Lernen ohne Grenzen. Bremen 1993.

Wolf, Doris / Merkle, Rolf: So überwinden Sie Prüfungsängste. Psychologische Strategien zur optimalen Vorbereitung und Bewältigung von Prüfungen. 5. Auflage. Mannheim 1997.

Zell, Helmut: So steigern Sie Ihre Aufmerksamkeit und Ihr Konzentrationsvermögen. Grundlagen, Strategien, Übungen. Saarbrücken 2004.

Zimbardo, Philip G.: Psychologie. 7. Auflage. Berlin u.a. 1999.

INTERNETQUELLEN

Das vorliegende Buch enthält eine große Fülle von Einzeltipps zum Lernen, die wir erprobt haben und die vielerorts so oder abgewandelt praktiziert werden. Sie haben in ähnlichen Formen Eingang in Bücher und auf Websites gefunden. Wir haben uns bemüht, Ihnen als Nutzer/-innen unseres Buches zu möglichst vielen Tipps eine solche Fundstelle anzugeben, die wir Ihnen als interessante und hilfreiche Weiterführung zum jeweiligen Aspekt aus unserem Blickwinkel empfehlen möchten.

http://memomo.net/de
www.biokurs.de
www.blueprints.de
www.deutsch-lernen.com/lerntipps.php
www.dfjw.org/paed/langue/hansmeier03.html
www.dvnlp.de
www.Frederic-vester.de
www.fremdsprachenzentrum.uni-bremen.de/301.0.html
www.ganzheitliches-training.de
www.grauezelle.de/gz_brain.html
www.laum.uni-hannover.de/ilr/lehre/Ptm/Ptm_KreaBrain.htm
www.lernen-heute.de
www.lerntippsammlung.de
www.mindmap.de
www.ni-schule.de
www.nlp.de
www.praktisches-lernen.de
www.reticon.de/Psychologie/voraussetzungen_inhalt/strategien.htm
www.rrz.uni-hamburg.de/fremdsprachenlernen
www.ruhr-uni-bochum.de/tw-tutorium
www.srossbach.de/Lerntipps.html
www.suggestopaedie.de
www.true-learning.de
www.wksbern.ch
www.zeitzuleben.de
www.zmija.de

Bitte beachten Sie: Diese Adressangaben sind auf dem Stand Ende 2006. Wir nennen sie unter dem Vorbehalt, dass sie im Zeitverlauf ihre Gültigkeit verlieren und Veränderungen unterworfen sind. Wir übernehmen keinerlei Garantie für den Inhalt.

STICHWORTVERZEICHNIS